JN087924

叢書インテグラーレ
022

中日対照

中国語の語彙化研究

—文化的概念の形成をめぐって

広島大学総合科学部…編

盧　濤…著

前　言・まえがき

(中文)

　　本书以五个文化关键词为材料，以历时与共时相结合的方法分析汉语词化现象，在揭示汉语词汇研究方面的某些重要事实的同时，证明词化的某些相关结论及一般规律。

　　所谓词化（lexicalization）是指词语的形成与演变过程，它多以词语复合的形式体现在名词与动词、名词与形容形、形容词与动词等实词范畴的转变（conversion）上，与概念化（conceptualization）、范畴化（categorization）有关。词化除社会文化生活变动这一语言外的动因（motivation）外，还有语言内部的某些理据，如词语意义及句法范畴转变中出现的隐喻（metaphor）和换喻（metonymy）等。我们认为，语言接触当中的借词（loanword）亦属词化问题。

　　本书分析的文化关键词分别是第一章的"朋友"、第二章的"合同"、第三章的"交涉"、第四章的"面子"和第五章的"文化"。这个排序基本是按词语形成的时间先后顺序设计的。

　　第一章通过考察分析"朋友"的语义内涵、词化过程以及称呼使用，在证明其具有特指功能和泛指功能及语义虚化过程的同时，说明"友"为"朋友"的中心语素并具有类后缀的特点，而"朋友"的称呼化则是其语义虚化的继续和深化。第二章分析"合同"的谓词化、名词化以及"合"与"同"的构词分布，证明"合同"并列结构短语融合即谓词化在上古汉语、中古汉语及近代汉语中一直持续发展，而始于宋元的"合同"名词化则是换喻即借代的结果，构成丰富复合词的"合"与"同"基本保持本义不变的特点也说明"合同"的名词化是以换喻为动因的。第三章分析了"交涉1"的形成、"交"和"涉"的构词分布、"交涉2"的发展及现代汉语中"交涉"的使用，证明形成于初唐的"交涉1""关系"等语义的获得是隐喻的结果，"交"和"涉"的构词分布亦旁证了这一点。而晚清固定成熟的"交涉2"则是"交涉1"词化发展的结果，"交涉"与"谈判"近义，但二者在文体及语义和语法功能上都存在着差异。第四章通过考察"面"及"面子"的隐喻化过程，在分析"面子"的复杂使用与含义的同时，揭示了身体词汇隐喻的相对普遍性。第五章通过调查梁启超作品中的

"文化"探讨"文化"在现代汉语中的借用过程，在分析毛泽东作品中的"文化"与梁启超的"文化"的不同及其语义变化的根由的同时，调查"新时期"及文化研究盛行的"文化热"当中的"文化"使用情况，从而证明了内涵和外延变动的概念化不仅与词化及语义变化过程相辅相成而且还是词化的根本动因。

　　本书用汉日双语撰写的目的旨在促进中日间的学术交流，并期待能为中日两国年轻学者撰写论文提供一定的参考。但由于受原文的束缚并出于直译的考虑，第一章至第四章的日文会留下一定的汉语痕迹，而且受篇幅的限制，日文版中省略了参考文献和引用资料，请日语读者参考中文版中的相关信息。

（日文）

　　本書は、5つの文化的キーワードを取り上げ、通時的アプローチと共時的アプローチを援用しながら、中国語の語彙化について考察し、語彙研究に関わる重要な事実を明らかにすると共に、語彙化に関する一般的な規則と結論の再検証を試みるものである。

　　語彙化（lexicalization）とは、語の形成及び変化のプロセスを指し、名詞から動詞へ、名詞から形容詞へ、形容詞から動詞へ移行する複合語の形で内容語の範疇の転換（conversion）として現れることが多く、概念化（conceptualization）やカテゴリー化（categorization）と深く関わっている。語彙化が起こるメカニズムとして、社会や文化の変化という言語外の動機づけ（motivation）の他に、語の意味及び統語範疇の転換を引き起こす隠喩（metaphor）や換喩（metonymy）などの言語的動機づけも存在する。また、言語接触による借用語（loanword）も語彙化の一種だと考えられる。

　　本書で考察するキーワードは、第1章の友人を意味する"朋友"、第2章の契約を意味する"合同"、第3章の"交渉"、第4章の"面子"及び第5章の"文化"である。この順番は、これらの語が成立する時間的流れに沿ったものである。

　　第1章では、"朋友"の意味解釈、語彙化の過程及び呼称語の用法について考察し、その特定的指示機能と一般的指示機能及び意味的希薄化を確認すると共に、"友"が"朋友"の中心的語素として接辞的性格を

備え、"朋友"の呼称語化もその意味的希薄化の継続と深化の結果であると結論を導く。第2章では、"合同"の述語化、名詞化と"合"と"同"の語構成的分布を調べ、"合同"という並列構造の複合形式の述語化は上代中国語から中古中国語、近代中国語までずっと継続してきており、宋元の時代に始まる"合同"の名詞化は換喩の結果であることを分析すると共に、多様な複合語を構成する"合"も"同"も基本義が変わらない事実を手がかりに、"合同"の名詞化が換喩によることを再検証する。第3章では、"交渉1"の形成、"交"と"渉"の語構成的分布、"交渉2"の発展及び現代中国語における"交渉"の用法を分析する。初唐に成立した"交渉1"が「関係」などの意味が隠喩によって付与され、"交"と"渉"の語構成的分布もこれを裏付ける。清末に固定化した"交渉2"は"交渉1"の更なる語彙化の結果であり、"談判"と意味的に近いが、文体的にも、そして意味的にも文法的にも二つは分化しつつあった。第4章では、"面"及び"面子"の隠喩のプロセスを考察し、"面子"の複雑な用法と意味特徴を分析すると共に、身体語彙の隠喩に見られる言語の普遍性を立証する。第5章では、梁啓超の作品における"文化"の用例を調べ、"文化"が借用語として現代中国語に定着するプロセスを確認した上で、毛沢東の作品における"文化"と梁との違い及びその意味変化の動機付けを探り、さらにいわゆる「新時期」以降特に「文化ブーム」の中の"文化"の用法を調査し、内包と外延の変動を伴う概念化は、語彙化または意味変化の過程に付随するものであり、その動機づけでもあるという結論を出す。

　なお、本書は日中両国の学術的交流に寄与すると共に、両国の若手研究者に論文作成の参考を提供するという意図より日中両言語で執筆している。ただし、原文の束縛と直訳の考慮によって，第一章から第四章までは中国語の痕跡が残っているかも知れないが、了承されたい。また、紙幅の都合により、日本語版では参考文献及び引用資料を再掲しておらず、日本語の読者は中国語版でそれを確認されたい。

2023 年 11 月

盧　濤

目　录·目　次

（中文）

第1章　说 "朋友"

　　1. 引言 ··· 1

　　2. "朋友"释义 ··· 1

　　3. "朋友"探源 ··· 4

　　4. "友"及其后缀化 ··· 6

　　5. "朋友"的称呼化 ··· 10

　　6. 结语 ··· 13

第2章　释 "合同"

　　1. 引言 ··· 16

　　2. "合同"的谓词化 ··· 17

　　3. "合同"的名词化 ··· 19

　　4. "合"与"同"的构词分布 ··· 26

　　5. 结语 ··· 29

第3章　"交涉"源流考

　　1. 引言 ··· 32

　　2. "交涉 1"的形成 ··· 32

　　3. "交"与"涉"的构词分布 ··· 35

　　4. "交涉 2"的发展 ··· 38

　　5. 现代汉语中的"交涉" ··· 42

　　6. 结语 ··· 45

第4章　"面子"的隐喻

　　1. 引言 ··· 48

　　2. "面"的来龙去脉 ··· 50

　　3. "面子"的隐喻 ··· 52

　　3.1 "面子"的出现／3.2 "面子"的内涵

　　4. 内向的"面子" ··· 55

　　4.1 "爱面子"／4.2 "丢面子"

　　5. 外向的"面子" ··· 57

  5.1 "给面子"／5.2 "不给面子"

  6. "面子"与"脸" ……………………………………… 60

  7. 结语 …………………………………………………… 61

第 5 章 "文化"的形成与发展

  1. 引言 …………………………………………………… 65

  2. 梁启超的"文化"借用 ……………………………… 66

  2.1 "文明"的使用／2.2 "文化"的出现与固定／2.3 "文化"的由来

  3. 毛泽东作品中"文化"的变化 ……………………… 71

  3.1 "学文化"／3.2 "文化生活"／3.3 "革命文化"

  4. "新时期"以后的"文化" …………………………… 75

  4.1 "文化"概念的多样化／4.2 "电视文化"／4.3 "文化人格"

  5. 结语 …………………………………………………… 80

参考文献・引用语料 ……………………………………… 83

（日文）
第 1 章 "朋友"の成立

  1. はじめに …………………………………………… 86

  2. "朋友"の意味解釈 ………………………………… 87

  3. "朋友"の成立 ……………………………………… 89

  4. "友"とその接尾辞化 ……………………………… 92

  5. "朋友"の呼称語化 ………………………………… 97

  6. おわりに …………………………………………… 100

第 2 章 "合同"の形成

  1. はじめに …………………………………………… 103

  2. "合同"の述語化 …………………………………… 104

  3. "合同"の名詞化 …………………………………… 107

  4. "合"と"同"の語構成 …………………………… 114

  5. おわりに …………………………………………… 118

第 3 章 "交渉"源流考

  1. はじめに …………………………………………… 121

  2. "交渉 1"の形成 …………………………………… 121

　3. "交"と"渉"の語構成 ……………………………………… 124

　4. "交渉2"の発展 …………………………………………… 127

　5. 現代中国語の中の"交渉" ……………………………… 132

　6. おわりに ………………………………………………… 136

第4章　"面子"の隠喩

　1. はじめに ………………………………………………… 139

　2. "面"の話 ………………………………………………… 141

　3. "面子"の成立 …………………………………………… 144

　3.1 "面子"の出現／3.2 "面子"の意味内容

　4. 内向けの"面子" ………………………………………… 147

　4.1 "爱面子"／4.2 "丢面子"

　5. 外向けの"面子" ………………………………………… 150

　5.1 "给面子"／5.2 "不给面子"

　6. "面子"と"脸" …………………………………………… 153

　7. おわりに ………………………………………………… 156

第5章　借用語の"文化"

　1. はじめに ………………………………………………… 159

　2. 梁啓超による"文化"の受容 ………………………… 160

　2.1 "文明"の使用／2.2 "文化"の登場と定着／2.3 "文化"の由来

　3. 毛沢東における"文化"の変容 ……………………… 166

　3.1 "学文化"／3.2 "文化生活"／3.3 "革命文化"

　4. "新時期"以降の"文化" ……………………………… 171

　4.1 "文化"概念の多様化／4.2 "电视文化"／4.3 "文化人格"

　5. おわりに ………………………………………………… 176

后　记・あとがき ………………………………………… 180

第1章　说"朋友"

1. 引言

作家杜宜的散文《富士雪》中有这样一段话，

(1) 每天要接待多少认识的和不认识的朋友，不知道要听见多少热情而又激动的言语

如果按照"彼此有交情的人"这种词典上的解释（中国社会科学院语言研究所（1996），以下简称《词典》）来理解"朋友"的含义，上文中"不认识的朋友"是讲不通的，然而例（1）这种"朋友"的使用不仅可以接受而且还相当普遍。"朋友"一词应当重新解释。

本章通过对"朋友"的语义内涵、词化过程以及称呼使用的考察分析，得出以下三点结论。第一，"朋友"既有指称"恋爱对象"的特指功能，又有指称人际关系中一般对象的泛指功能，"朋友"可以用其上位概念"人"替换使用证明其抽象空泛的语义特征，在汉语发展历史中亦可以追寻到"朋友"语义虚化的过程。第二，尽管"友"轻读，但它是构成词根复合词"朋友"的中心语素，"朋友"的语义虚化与"友"的语义虚化保持一致的特征，语素化了的"友"在构词上具有的相对自由的特性即能产性（productivity）证明了它的类后缀特点。第三，"朋友"不仅可以加后缀"们"和前缀"小"做称呼使用，而且"朋友"也可以单独做称呼使用，与"友"的词缀化并行，"朋友"的称呼化是其语义虚化的继续和深化。

2. "朋友"译义

不言而喻，词的语义内涵是依赖于与其结合使用的词语或一定的语境来解释的。尽管"朋友"的搭配相对开放自由，但通过某些固定搭配和特定的语境会准确把握它的语义特征。"朋友"的所谓"恋爱对象"这种特指功能就是在某些固定搭配中被赋予的。

从历时的角度看，"朋友"指称恋爱对象既不是它的本义也不是历史久远的用法[1]。虽然在此无法证明它就是受了英语的影响，但如同"boyfriend"和"girlfriend"一样，"朋友"无疑是在"男朋友"和"女朋友"这种固定搭配中获得其特指功能，发生了指称范围缩小这一语义变化的。日常生活中还常常有"有朋友了吗？""处朋友了吗？"这样的说法，也只有在"有朋友"和"处朋友"的固定搭配及其特定语境下体现着"朋友"的特指功能。与同样特指恋爱对象的"对象"一词相比较，便可证明"朋友"的特指功能是相对封闭的。

　　与人称代词结合，可以说"他（的）对象"来指称恋爱对象，而"他（的）朋友"没有特定语境条件则是泛指的，只有"他（的）女朋友"才具有特指功能。另外，可以说"找对象""搞对象""介绍对象"，但不能说"找朋友""搞朋友"，"介绍朋友"也只是泛指的朋友。"对象"相对自由搭配反证了"朋友"特指功能的有限性。

　　下面我们通过一些固定搭配再来看看"朋友"的泛指功能。

　　我们说"够朋友"，意思就是"够交情"。电视广告"够交情，喝够年头的酒"中的"够交情"可与"够朋友"替换，"朋友"符合本文开头引用的"彼此有交情的人"这种一般的解释。但常见的还有"老朋友""新朋友"和"好朋友"这些固定搭配。在结构上它们属词组，但它们趋向新的独立概念，处于新的词化（熟语化）过程当中，其中"朋友"已开始抽象化。一般外交辞令中的"我们这次访问，见到了老朋友，结识了新朋友"，"老朋友"是所谓有交情的人，而"新朋友"只不过是对对方的一种客气或亲切的称谓，这里的"朋友"就是指称刚刚接触认识的"人"，"朋友"语义趋向空泛。

　　从"交朋友"这个固定搭配也可以看出"朋友"语义的抽象性。"交朋友"可以替换说成"交人"。它们有微妙的差别但又保持着语义的联系。"交朋友"可以是为建立友谊或交流的情感关系，不包含直接的利益关系。最近电视广告的"喝杯青酒，交个朋友"就是一例。而"交人"则可能是为了相互帮助、解决实际问题所建立的一种广泛的人际关系，与利益结合在一起。但这种解释不是绝对的。上边提到过的"够朋友"的否定形式是"不够朋友"，"不够朋友"可以说"不够交情""不够意

思"。因此可以说，"交朋友"与"交人"在某些情况下同义，"朋友"即"人"。电视新闻里有一个采访顾客的场面。当记者问顾客买礼物干什么时，这位顾客回答说，"送人，送朋友"。可见"人"与"朋友"在一定场合下可以互换互指。"有个朋友（叫张三）"可以与表示无定的"有个人（叫张三）"替换使用也说明"朋友"语义的虚化。

"朋友"抽象空泛的称谓功能还可以通过一定的上下文来理解。我们看一下"朋友"和"敌人"构成反义关系的例子。

(2) 谁是我们的敌人？谁是我们的朋友？这个问题是革命的首要问题（毛泽东《中国社会各阶级的分析》）

(3) 朋友来了有好酒，若是那豺狼来了，迎接它的有猎枪（歌曲《我的祖国》）

例（2）中的"朋友"可以解释为共同斗争、共同战斗或是站在同一立场的"同志"，是一种泛指的称谓词。"共同性"构成了其"朋友"关系的基础，而不仅仅局限在"交情"上。例（3）的"豺狼"是"敌人"的拟人说法，"朋友"的解释与例（2）相同。

如本文开头例（1）所示，"朋友"可以是不相识的人。下面歌词的例子也说明，不仅"交情"不是"朋友"语义的必然条件，相识与否也不构成"朋友"语义的前提条件。

(4) 你未见过我，我未见过你，年轻的朋友一见面哪，情投又意合（歌曲《溜溜的她》）

例（4）的"年轻的朋友"就是"年轻人"的意思，是以"朋友"代"人"的典型用法，与上文中的"交朋友"与"交人"近义现象相同。用"年轻的朋友"代替"年轻人"与上边提到的"新朋友"一样，体现了说话人对听话人或涉及的人物的亲切、友好的态度。可以说此处的"朋友"是"人"的敬称化、尊称化用法。

"朋友"还可以指称人以外的存在。

(5) a. 人和鸟是朋友，懂吗？（高行建《野人》）

　　 b. 人和树也是朋友，有森林的地方人才能生活得安逸（同上）

例（5）是一种比喻的用法，表现了人类和自然界相互依存、共有生活空间的关系。而这种关系可以用"朋友"来表达，恰好说明"朋友"

是以"共同性"或"共有"为基本特征的。

总之，在现代汉语中"朋友"不仅可以指"恋爱对象"，具有一定的特指功能，产生了特殊化（specialization）这一语义变化，而且还可以泛指人际关系中的一般对象，在一定的语境下可与其上位概念"人"交替使用，出现了语义一般化（generalization）即虚化现象。

"朋友"的语义虚化不是突变的，在汉语发展历史中可以追寻到它的演变过程。

3．"朋友"探源

"朋友"是"朋"和"友"组成的并列式复合词。它是在长期的词化过程中逐步形成并产生语义变化的。"朋友"的并列使用在先秦文献中早已多见。据我们的统计，《诗经》出现六次，《论语》出现八次。罗竹风主编（1986-1994）（以下简称《大词典》（第 6 卷 1181 页）列举了以下例句。

（6）a．君子以朋友讲习（《易·兑》）

　　b．无言不仇，无德不报。惠于朋友，庶民小子（《诗·大雅》）

　　c．春卿事季孟，外有君臣之义，内有朋友之道（《后汉书·马援传》）

　　d．名声荷朋友，援引乏姻娅（唐韩愈《县斋有怀》）

　　e．朋友凋零江海空，弟兄离隔关山迥（明高启《次韵周谊秀才对月见寄》）

　　f．这都是她到上海后收到的各方面朋友的信（茅盾《昙》）

例（6）告诉我们，"朋友"从并列使用到固定的词根复合词是一个渐变的连续过程，并列使用并不说明它就是纯粹的复合词。（6）c"朋友"与"君臣"对称，（6）d"朋友"与"姻娅（亲家和连襟）"对称，（6）e"朋友"与"弟兄"对称，可见"朋友"最初是两个概念、两个词（见下一节）。并列使用的"朋友"与其它词语对称的例子在古汉语中俯拾即是。

（7）a．朋友切切偲偲，兄弟怡怡（《论语·子路》）

　　b．父子有亲，君臣有义，夫妇有别，长幼有序，朋友有信

（《孟子·藤文公上》）

    c. 昆弟世疏，朋友世亲（汉王符《潜夫论·交际》）

    d. 父子，兄弟，朋友皆是分义相亲（《朱子语类·卷 21》）

当然，这并不意味"朋友"的并列使用不可以做一个复合词理解，如同现代汉语中"兄弟"既表达"兄与弟"又表达"弟弟"一样，"朋友"可做独立的复合词解释的例子亦多见。

（8）a. 老者安之，朋友信之，少者怀之（《论语·公冶长》）

    b. 朋友，以义合者（宋朱熹《四书集注·论语》）

    c. 朋友合以义，当展切思之诚（程允升《幼学琼林·朋友宾主》）

与例（7）相比，例（8）中的"朋友"在其上下文中可以得到相对独立的解释，是表示独立概念的趋于成熟的复合词。

古典作品中"朋"和"友"的并列使用是词组还是复合词的讨论不是本文的主要目的，但一个有趣的现象是，除单用的"朋"和"友"有修饰语以外，先秦作品中由形容词等修饰"朋友"的例子比较少。这一方面说明在词化过程中，"朋友"保持着本义，即"情投意合的同志"，无需再用修饰成份限定说明。另一方面说明，"朋友"在许多情况下尚属名词词组，分属两个不同的概念。古典作品中常常会找到"友朋"这种逆序组合的例子，如明李贽《焚书·朋友论》中的"今天下之所称友朋者，皆其生而犹死者也"，也说明"朋友"尚处于复合词化的过程中。

但随着复合化的完结和语义变化（包括虚化），不仅"友朋"消失了，"朋友"的修饰使用也越来越丰富。上一节讨论的"老朋友"等固定搭配在明清文学作品中已多见，"朋友"语义开始虚化。例如明代《喻世明言》第四卷中的"心腹朋友"，《牡丹亭》第五十五出中的"旧朋友"，《水浒传》第八十一回中的"同窗朋友"，《西游记》第九回和《拍案惊奇》卷十六中的"好朋友"，清代《红楼梦》第九回中的"新朋友"、第一百十五回中的"知心朋友"，《孽海花》第二十二回中的"真朋友"，晚清《二十年目睹之怪现状》第二十四回中的"穷朋友"、第六十六回中的"老朋友"、第一百五回中的"阔朋友"，《官场现形记》第六回中的"要好的朋友"、第八回中的"酒肉朋友"、第九回中的"知己朋友"、

第四十回中的"对劲的朋友"等等。

与上一节讨论的现代汉语中"朋友"语义虚化现象相同，在白话小说中，已经可以观察到许多"朋友"可以用"人"替代的例子。

(9) 宝玉先便回明贾母秦钟要上家塾之事，自己也有了个伴读的朋友（《红楼梦·第八回》）

(10) a. 有一个年轻朋友看了，当以为真，一定要我教他（《二十年目睹之怪现状·第三十一回》）

  b. 这船上的两个收筹朋友，船到了之后，别人都上岸去了，只有他两个要管着起货（同上·第五十一回）

(11) 二老爷，帐房既然不来，我不如拿这桌菜请请底下的朋友，大家看起来，一样是州里的人（《官场现形记·第四十五回》）

(12) 其时讲兴地、讲阵图、讲制造、讲武功的，各样朋友都有（《老残游记·第七回》）

例（9）至（12）"朋友"的语义虚化程度有所不同，但如（10）a 所示，"年轻朋友"与上文例（4）歌词中的"年轻的朋友"完全一致，"朋友"的语义虚化一脉相承。

现代汉语中"友"虽轻读，但"朋友"语义重在"友"上，"朋友"与"友"保持着广泛的联系。要真正理解"朋友"，就有必要进一步考察一下其中心语素"友"的源与流。

4．"友"及其后缀化

传统的训诂学对"朋"和"友"的解释简明了。唐人孔颖达解释说，"朋是同门之称，友为同志之名"[2]。所谓"同门"是指同出一师，是以具体的空间为条件的。"同志"则是所谓的志同道合，是以抽象的精神存在为条件的。简而言之，"朋"语义简单具体，"友"复杂抽象。从汉字的构成看，"朋"为象形字，"友"为形声字，也无不证明二者的具体与抽象的对立。

大家熟知的《论语》中"有朋自远方来不亦乐乎"的"朋"一般就是按"同门"解释的，是具体的[3]。而下边"友"的例子则是抽象的。

（13）a. 不知其子，视其友；不知其君，视其左右（《荀子·性恶》）

　　　b. 友者，所以相有也；道不同，何以相有也（《荀子·大略》）

（13）b 的所谓"相有"和"道同"这一概括证明了"友"的抽象。"友"语义的复杂抽象还可以通过许多反映"朋友观"的名言警句得到理解。

（14）a. 结交莫羞贫，羞贫友不成（汉无名氏《古诗》）

　　　b. 交友投分，切磨箴规（南朝梁周兴嗣《千字文》）

　　　c. 以文常会友，唯德自成邻（唐祖咏《清明宴司勋刘郎中别业》）

　　　d. 少年乐新知，衰暮思故友（唐韩愈《除官赴阙至江州寄鄂岳李大夫》）

　　　e. 友如作画须求淡，山似论文不喜平（清翁照《与友人寻山》）

　　正是"朋"和"友"这种简单与复杂、具体与抽象的语义对立，形成了以下将要讨论的"友"有别于"朋"的构词力及其后缀化的诱因，也即构成了上述"朋友"的语义特征及其虚化的条件。

　　当然，由于语义的类同和文章修辞的关系，"朋"和"友"也有互换的可能。汉无名氏《古诗十九首》中"昔我同门友"用"同门"修饰"友"，正符合"朋"的解释。而下面（15）a 和（15）b 的"朋"是表达抽象意义的例子，（15）c 则脱离了"朋"和"友"的语义理据。

（15）a. 同心而共济，终始如一，此君子之朋也（唐欧阳修《朋党论》）

　　　b. 君子与君子以同道为朋，小人与小人以同利为朋（同上）

　　　c. 十旬休暇，胜友如云；千里逢迎，高朋满座（唐王勃《秋日登洪府滕王阁饯别序》）

　　尽管如此，"友"基本保持着抽象的用法，使用范围逐步扩大，而"朋"被取而代之，作为语素逐步走向衰退。我们对《中国古典名著百部》进行检索调查，结果"朋"出现 232 次，而"友"出现 998 次，是

"朋"的四倍。这表明语义越是一般性的、抽象性的就越是使用频率高的，也就越是易于产生语义变化、易于发生使用上和范畴上的变化的[4]。"朋"和"友"的语素化过程将证明这一点。

《大词典》（第6卷1181-1184页）虽然列出由"朋"构成的正序复合词六十余条，但在现代汉语中，大都失去了生命力。"朋"的构词力很差，由其构成的复合词很少。仅仅有下列这些复合词今天还在使用。

（16）良朋　宾朋　朋党　亲朋好友　狐朋狗友

与"朋"相反，"友"不仅在古代汉语中常常与"朋友"共用，表达相同的概念，如"汝为朋友而送朕命，是重友而轻君也"（冯梦龙《东周列国志第一回》），而且在现代汉语中构词力也极强。《大词典》（第2卷853-855页）所列由"友"构成的正序复合词不足四十个，但有相当一部分现代汉语仍在使用。

（17）a. 友军　友党　友邦　友人　友情
　　　 b. 友好　友爱　友谊　友善

（17）a是偏正结构，（17）b是并列结构，前项语素的"友"属于形容词或动词性质的东西，这本身就是"友"语义虚化带来范畴转变的一个极好证明。作为后项语素，"友"构成的逆序名词复合词也相当多。

（18）a. 战友　学友　盟友　病友　难友　工友
　　　 b. 校友　票友　酒友　教友

例（18）"友"做中心语素，不局限在"同志"这一本义上，而是可以做"一起做某事的人"这种解释，"共同性"形成了"友"的基本语义特征。我们说"朋友"以"友"为中心，语义重在"友"上，由此可见一斑。"战朋""学朋"及"票朋"不成立的原因就在于"朋"不具有表达共同性这一语义内涵。与上述例（18）相同，下列偏正式逆序复合词所展示的使用上的多样化，进一步证明了"友"语义的广泛和抽象，与上文中的"朋友"如出一辙。

（19）挚友　执友　（良师）益友　良友　损友　腻友　狎友　密友　故友　契友　畏友　净友　旧友

某些复合词中的"友"可替换成"朋友"也说明"朋友"以"友"

为中心。

（20）男友　女友　好友　老友　新友

（21）卖友　访友　交友　择友

例（20）中的"老友"就是"老朋友"，"新友"就是"新朋友"。例（21）的动宾结构难以判断是复合词还是词组，但有一点确信无疑，与双音节动词搭配，取"友"代之的正是"朋友"。"卖友"即"出卖朋友"，"访友"即"访问朋友"，"交友"即"交结朋友"或"交朋友"，"择友"即"选择朋友"。这些都证明，"朋友""友"为中心语素，"朋友"与"友"保持着语义特征上的一致。

一般认为，复合词重读部分基本保持原义不变，如"动静"的"动"和"教育"的"教"。通过"朋友"的分析我们可以得出相反的结论，即轻声化的语素也可以构成复合词的中心部分，轻声（neutral tone）并不是语义虚化的绝对标志。无独有偶，与"朋友"相同，某些亲属名称，轻声化的语素部分却保持着该词的基本语义特征，如表示"弟弟"的"兄弟"和女性亲戚的"舅母"等。

"友"可以不断地组成新词。上边（20）中的"新友"也许会怀疑是否成立，但在富于创造性语言的歌词中，如"不论新友与故交，明年春来再相邀"（歌曲《难忘今宵》）便自然成立了。这一方面证明了"友"具有相对的独立性，可以自由构成无限的新词，另一方面说明"友"与"朋友"保持着广泛的联系，在某些情况下"友"可以替代"朋友"。而这一点在近代汉语中早已可以观察得到。

语言大家林语堂在 *The Importance of Living*（1937）中转引了清人张潮《幽梦影》的两段话，

（22）上元须酬豪友，端午须酬丽友，七夕须酬韵友，中秋须酬淡友，重九须酬逸友

（23）对渊博友，如读异书；对风雅友，如读名人诗文；对谨饬友，如读圣贤经传；对滑稽友，如阅传奇小说

例（22）和（23）"友"的组合大都不是复合词，它们不构成词典上的词语项目（lexeme）。但可以这样组合使用说明，"友"语义虚化，具有广泛的指称功能和构词构语功能。上边的"友"不仅可与"朋友"

替换，而且如同"朋友"一样还可以与"人"替换，如"渊博友"可以说"渊博的朋友""渊博的人"[5]。

例（22）和（23）这种近代汉语中"友"的使用在现代汉语中仍在继续，而且它的构词力不断增强。最近随着计算机的普及使用，有关电脑方面的新词不断出现。其中"网友"和"电脑发烧友"是两个典型的例子。如同上边（18）的例子一样，这里的"友"也是保持着"共同性"或"共有性"的特征，"网友"就是"网上朋友"。"友"可以组成许许多多新的复合词，如参加同一辩论会的"辩友"、同一体育队的"队友"、一起打球的"球友"、一起打牌的"牌友"、一起下棋的"棋友"、一起练武的"武友"、一起跳舞的"舞友"、同在养狗的"狗友"等。从相对自由开放的构词力这一特点看，可以认为"友"是一个处于后缀化的半自由语素[6]。

沈（1995）通过分析"多（功能）""高（速度）""软（包装）""大（文化）"等的前缀特点和"（足球）热""（万元）户""（紧迫）感""（追星）族""（法）盲""（影）坛"等的后缀特点，认为现代汉语一部分语素逐渐成为相对独立的新词缀。其中有些例子是否属于词缀当然还有商榷的余地，但我们同意新词缀化的看法。除了一般语法参考书上罗列的公认的词缀以外，一部分语素处于词缀化（affixation）过程中，成为类词缀或准词缀，我们讨论的"友"正是这样一个典型[7]。以上我们讨论的"友"相对自由的构词力即能产性和其语义虚化的事实充分证明了这一点。

5．"朋友"的称呼化

语义的虚化最终带来了"友"的后缀化，而"朋友"的虚化除了上述的泛指功能外，还集中体现在称呼化这个现象上，二者并行。在考察"朋友"称呼化之前先让我们看看它的动词活用现象。

现代汉语词类活用是一种较为普遍的语法现象。如"真农民！"（电视剧《编辑部的故事》）中的"农民"就是名词的形容词活用现象。而名词"朋友"可作动词使用。

（24）a．一味不分青红皂白地朋友来朋友去（余秋雨《霜冷长河》）

b. 使他们不后悔与自己朋友一场（同上）

本章不能涉及什么样的名词动词活用这一广泛的问题，但有一点可以肯定，表示人际关系的词语常常可以活用。如"夫妇来夫妇去""师徒一场"等。当然，它们都是在"…来…去""…一场"这种特定格式中使用的。

上一节我们已经看到，在复合词化的过程中，作为语素"朋"和"友"都发生了范畴的转变，即带有形容词或动词的性质（如例（16）的"朋党"和（17）"友"的例子）。下边是古汉语中作动词用的典型例子。

(25)　朋而不心，面朋也；友而不心，面友也（汉扬雄《法言·学行》）

例（24）"朋友"的活用可以说是例（25）中"朋"和"友"的活用在现代汉语中的再现。

与"朋友"的动词活用并行的有趣现象是，伴随着使用的多样化和语义的抽象化，"朋友"不仅仅停留在构成主语和宾语等句子成分这些一般名词的基本功能上，而且在一定的语境条件下还可以做称呼使用，产生了称呼化这一使用功能上的变化。从句法的角度看，在汉语里称呼不属于语法功能的问题，但"朋友"的称呼化是一个值得深入探讨的问题，因为它反证了"朋友"语义虚化这一事实[8]。

作为语言的普遍现象，一般认为用于称呼（vocative）的有，1)姓名及其复合形式；2)代名词；3)亲属名称；4)职位称号等四种形式（龟井ほか 1996，329 页）。但在汉语中部分人称名词亦可做称呼使用。与"同志"和"先生"这两个典型的称谓词一样，"朋友"也可以做称呼使用。它有加后缀"们"做合称、加前缀"小"和单独使用做单称这三种情况。

首先是加后缀"们"的"朋友们"。"们"其中一个重要功能就是加在人称名词后做合称使用，如"兄弟们""姐妹们""战友们""同志们""同学们""同胞们"等等。在做称呼使用时，"们"前面的人称名词一部分改变了字面上的意义。"兄弟们"和"姐妹们"当中的"兄弟"和"姐妹"是亲属称谓外化（社会化）的典型例子。"朋友"也不例外。

"朋友们"既不是"志同道合的同志"，也不是"有交情的人"，而是与说话人构成共同参入或共有一定的空间和时间这一社会关系的群体。会议主持人对与会者使用的"朋友们"是这样，播音员对听众使用的"听众朋友们"和节目主持人对观众使用的"观众朋友们"也是这样。这里的"同一性"或曰"共同性"与上述虚化了的"朋友"语义特点相照应。

其次是加前缀"小"的"小朋友"。众所周知，前缀"小"不仅加在姓氏前构成称呼，而且还加在一些人称名词前做称呼使用，如"小姑娘""小小子""小师傅""小同志""小同学"等。"小朋友"是长辈对"儿童"这种特殊对象的亲昵称呼，包含着说话人的亲切、喜爱之情，类似于亲称或爱称（nickname）。如同"小师傅"和"小同志"，"朋友"也可加"小"做称呼使用，说明"朋友"与"师傅"和"同志"具有同等的称谓功能，有理由推定"朋友"可以像"同志"和"师傅"一样单用于称呼。下面我们来考察一下"朋友"单独做称呼使用这第三种情况。

"朋友"做称呼使用首先可以在诗歌体作品中发现，可以说是"朋友"的间接称呼。

（26）幸福在哪里，朋友啊告诉你，她不在柳荫下，也不在温室里
（歌曲《幸福在哪里》）

（27）干杯，朋友。就让那一切成流水，把那往事，把那往事当作
一场宿醉（歌曲《跟往事干杯》）

除了例（26）和（27）这种诗歌体的使用外，作者称读者为"朋友"也是相同的间接称呼用法。而在口语中还可以看到用"朋友"直接称呼对方的例子。

（28）a. 朋友，你坚持要送礼吗？朋友，你是铁哥们儿（小品《考验》）

b. 一位男子匆匆进来对店员说："朋友，暂时把橱窗里那件名贵大衣收起来好吗？"（笑话《以免破财》）

一般认为"朋友"不仅不可以加在姓氏后单独使用（见马宏其·常庆丰 1998，32 页），而且也不能单独做称呼使用[9]。但在明清作品中这两种例子都有。

（29）（叫三声介）俗家去了，待俺叫柳兄问他。（叫介）柳朋友！

（又叫介）柳先生！（汤显祖《牡丹亭·第三十七出》）

（30）"周朋友，你走不得"（《儿女英雄传·第十六回》）

（31）a. "朋友，你错怪了我了"（《儿女英雄传·第十五回》）

　　　b. "朋友，纹银一万两在此"（同上）

例（29）中的"柳兄""柳朋友"和"柳先生"同指一人，可见在明清时代"朋友"具有与"兄"和"先生"同等的称呼功能。例（29）和（30）这种用法在现代汉语中已消声灭迹，但如例（28）所示，例（31）"朋友"的用法在当代汉语中已经复活，逐渐开始重新普遍用于面称了[10]。

6．结语

在文化人类学中，"朋友"的解释常常与交换结合在一起。即礼物的馈赠，一方面构成了朋友的关系，另一方面又是朋友关系的象征[11]。中国传统文化中的"朋友观"（见例（13））远远超过了这种交换关系[12]。不仅如此，以上分析表明，作为一种语言形式，"朋友"无论在内涵上还是在使用和结构上都经历了一个长期的变化过程，蕴涵着丰富的语义内容，具有多样的运用形式。第 4 节讨论的"友"的后缀化和第 5 节讨论的称呼使用集中反映了"朋友"的特征。

当然"朋友"不是汉语独有的语言现象，在其它语言中也可以观察到与"朋友"对应的语言形式并具有类似的特点。如同"朋友"和"敌人"构成反义关系一样，在英语里"friend"和"enemy"也构成了反义关系。我们分析的"朋友"和"友"的"共同性"和"共有性"的特征也正是日语对应词「友達」和「友」的基本特征。名词「友（とも）」和副词「共（とも）」同音同源[13]以及「ボールはともだち」（"足球是朋友"）（动画片台词）这种用于人和人以外关系的例子恰好证明了这一点。虽然日语里没有"友"这样的类后缀，但「友達」也可以组成「飲み友達」（"酒友"）、「メール友達」（メル友）（"网友"）等复合词，可以说是异曲同工，揭示了语言的共性。

但如上所述，"朋友"可以以几种形式用于称呼，与英语和日语相比较可以说是独具特色的。日语和英语里既没有"小朋友"这种"朋友"

用于爱称的现象，"friend" 和「友達」也不能单独用于称呼 14)。作为称呼，为什么"朋友"可以如此广泛地运用？除了我们分析的语义变化等语言内的动因外，是否还存在包含行为方式、价值观念等语言外的社会方面的因素？包括与英语和日语的比较研究，这种社会语言学角度的探讨有待于今后进一步展开。

注

1) 在晚清小说《官场现形记》第三十八回中查到了一个例子，"她们这般女朋友竟比男朋友来得还热闹"。这里的"女朋友""男朋友"显然不是指恋爱对象。

2) 见清阮元校勘《十三经注疏二 毛诗正义》877 页。

3) "有朋"亦有做"友朋"的。详见程树德撰《论语集释（一）》（中华书局，1990）5 页。

4) 至少在汉语可以这样说。相对于部分语言身体名词的语法化，汉语抽象的"在""给"等动词的语法化尤为突出就是一例，见拙著盧（2000）。

5) 日文版版本勝訳『人生をいかに生きるか（下）』（講談社学術文庫，1979，192 頁）将"友"译做"友（とも）"，旁证了语素"友"的相对自由的特点。孙硕夫译评的《幽梦影》（吉林文史出版社，1999）将"渊博友""风雅友""谨饬友""滑稽友"分别解释为"学识渊博的人""志趣高雅的人""生活严谨的人""幽默风趣的人"，可见"友"语义虚化，可与泛指的"人"替换。

6) 半自由语素是吕叔湘主编《现代汉语八百词》（商务印书馆，1980）中根据使用的自由度给语素分成的四类当中的一类，如前缀的"第"和助词的"着"。其它三类是，a) 自由的"书"和"我"等；b) 不自由的"幸"和"浴"等；c) 一般不自由的"本报记者摄"的"摄"等。

7) 众所周知，"阿"等前缀和"子"等后缀是典型的词缀。"友"还没有象"子""儿""头"等后缀一样轻声化并彻底虚化，所以说它属类后缀，尚处于词缀化过程当中。《中国大百科全书 语言文字》（1998，178 页）列举了"（教）员""（作）家""（博）士""（能）手"等为类后缀，"友"有相似之处。Chao（1968）在分析汉语后缀的连续性特点时指出："As with prefixes, there are many intermediate types of end morpheme in words which are not completely empty, but are often called 'suffixes'"（p.220）"友"亦属于"intermediate type"。

8) 格语言拉丁语中有呼格（vocative）范畴，如"Veni, amice"（"来，我的朋友"），从这个意义讲，汉语的称呼也不完全不属于语法范畴问题。

9) 记录了 1984 年至 1985 年北京口语材料的中岛幹起著『コンピューターによる北京口語語彙の研究』（内山书店，1995）中没有出现"朋友"做称呼使用的例子。另外中国戏剧出版社出版的《有争议的话剧剧本选集（一）·（二）》（1986）共收集八十年代初十个剧本，也没有找到"朋友"单独做称呼使用的例子。大河内（1997）在考察汉语人称名词和"们"的关系时分析了"们"使人称名词称呼化的现象，如"同学们！乡亲们！邻居们！来宾们！"等。并指出，不加"们"的"朋友"和"同学"不可以用做称呼，

取而代之的是人名和职务称呼。据我们的内省和观察（如例（28）），至少说在当前的汉语里，改变了这种情况。

10) 马宏基・常庆丰（1998，32 页）谈到"朋友"时指出："这是近年来在青年中比较流行的称谓语，含有哥们义气的味道，在老年人中罕用。"从文革期间的"（革命的）观众同志们"转变到今天的"观众朋友们"这一事实来看，可以认为"朋友"的称呼用法产生了断代现象。"朋友"的称呼使用变化的社会动因有待进一步做广泛深入的探讨。

11) 参见中川敏『交換の民族誌』（世界思想社，1992）。

12) 有的中国社会学者将朋友关系划分为，1）知己或知音的"高山流水"型；2）萍水相逢的"一面之交"型；3）以物质关系为基础的"酒肉朋友"型；4）尊师爱生的"师生情"型；5）志同道合的"君子之交"型；6）同甘苦共命运的"患难之交"型等六个类型（见孙昌龄主编《关系》（农村读物出版社，1992），122-132 页），朋友关系并非交换关系概括的那样简单。

13) 见小学馆『日本国語大辞典』（1975）第 15 卷 21 页。

14) "friend" 可用于称呼被看做是英语的特点（见マクミランランゲージハウス『日・英・中言語文化事典』（2000）），但 "friend" 只能以 "my friend" 这种所属形式和 "friends" 这种复数形式用于称呼。

第 2 章　释"合同"

1. 引言

《大词典》给"合同"立了五个义项，列举如下。

(1) 各方执以为凭的契约、文书：今立合同文书二纸，各执一纸为照（元无名氏《合同文字》楔子）；定了合同，没法再解约（老舍《二马》第五段）

(2) 和合齐同、齐心协力：王者博爱远施，内外合同（汉桓宽《盐铁论·险固》）

(3) 结合、缔结：这段良缘要合同（《再生缘》第 45 回）

(4) 谓志同道合：贤俊慕而自附兮，日浸淫而合同（《楚辞·东方朔》）

(5) 犹会同：王夫人便命探春合同李纨裁处（《红楼梦》第 55 回）

无论是从语义、语法、语音的角度看，还是从汉语发展的历史来看，有理由认为，(2) 至 (5) 同属于一个谓词的范畴，(1) 分属一个谓词兼名词的范畴，二者是"同源词"关系，前者为源，后者为流[1]。本章将围绕"合同"的源流展开对"合同"的形成和发展即词化过程的分析。

本章在分析"合同"的谓词化、名词化以及"合"与"同"的构词分布后得出以下三个结论。第一，"合同"并列结构短语的融合即谓词化在上古汉语、中古汉语及近代汉语中一直持续发展。虽然在现代汉语中"合同"失去了谓词功能，但仍可以在个别复合词语乃至现代日语中追寻到谓词"合同"的痕迹。第二，"合同"的名词化始于宋元，是借代"合同文字""合同文书"一类名词短语的结果。这种借代正是以相关性或曰"近接性"（contiguity）为主要特征的换喻过程，而不是隐喻的过程。随着社会生活的发展变化，名词化的"合同"外延不断扩大，在语言表达方面表现出使用的多样化。第三，"合"与"同"可以构成

丰富的复合词，有着极强的构词力，但很少构成以其为中心的复合名词，无论是作为前项语素还是后项语素，它们都基本保持本义不变的特点。这进一步证明了"合同"的名词化是以换喻为动因的结论。

2. "合同"的谓词化

根据古汉语的语法特点以及出于行文简约的考虑，在此我们将动词、形容词以及它们的副词化使用看作同类范畴，统称为谓词。

同其他许多双音节词根复合词一样，"合同"是由"合"与"同"两个谓词（自由语素）组成的并列式短语融合演变而来的，它的复合词化也必然是从谓词化开始的。

我们的检索调查显示，在《中国古典名著百部》和《中国古典名著新百部》中"合同"共出现了一百三十九次。除《庄子》（公元前280年成书）中"合同异，离坚白"这类"合"与"同"独立作句子成分使用的例子外，大都是并列结构复合词语的例子，一部分作动词、形容词即谓词使用[2]。

（6）乐合同，礼别异（《荀子·乐论》）

（7）是父兄、昆弟、婚姻、合同者（《商君书·赏刑》）

（8）流而不息，合同而化，而乐兴焉（《乐记·十九》

（9）以明人事，合同父子（《史记·秦始皇本纪第六》）

（10）上下合同，可以长久（《史记·李斯列传第二十七》）

虽然不能认为以上"合同"并列使用全部是复合词，但它们愈趋复合词化是毋庸置疑的。以上各例中"合同"的主体、对象基本是人这一现象值得注意。这种与人称名词结合的使用特点为"合同"由谓词转移到名词提供了相关性或曰近接性的换喻基础。换言之，谓词的"合同"也规定了名词"合同"的基本特征，没有这种相关性也就不会产生"合同"的名词化过程（详见下文）。

例（6）至（10）这样的谓词用法在以后的时期里一直持续着。尽管对它的语义解释可以有这样或那样的变化，但万变不离其宗，谓词"合同"表示人与人之间的关系、作用这一语义特征基本不变。在"合同"的名词化已经比较成熟的中晚期近代汉语中谓词的"合同"使用还

保持着秦汉时期的语义特点。请看《西游记》（约成书于 1570 年）中的例子。

（11）尽点女妖，合同一处，纵风云（第 35 回）

（12）你若有谋，合同用力，捉了唐僧（第 48 回）

（13）即着光禄寺大排筵宴，群臣合同，拜归于一（第 85 回）

在《西游记》以后的明清小说中，"合同"的谓词用法仍屡见不鲜。

（14）这幅香罗帕乃初会鸾姐之物，并合同婚书一纸，央你送还（抱瓮老人《今古奇观》第 35 卷）

（15）合同族中长幼，大家定了则例（《红楼梦》第 13 回）

（16）昔年合同了朋友学什么武艺（《说唐全传·说唐后传》第 17 回）

（17）文武官合同欺隐，要冤枉他定案（《绿野仙踪》第 21 回）

（18）随后老爷合同姨娘手拉手回房去了（《施公案》第 187 回）

在汉语走向白话文、现代化的进程中，梁启超产生了历史性的影响。但即使是在梁启超的作品中，上述"合同"的谓词用法仍俯拾即是，说明"合同"谓词化的稳固。

（19）俱处於室，合同也（《墨经校译》）

（20）历千年终不能合同而化（《志语言文字》）

（21）人类全体合同改造之唯一机能（《国际联盟论序》）

（22）每岁三埠合同大叙集一次（《新大陆游记节录》）

（23）其资本所以不能合同之故，亦有多端（《为川汉铁路事敬告全蜀父老》）

（24）各会馆多合同数县者一县之中（《新大陆游记节录》）

（25）合同人之聪明才力（《论商业会议所之益》）

（26）体同者，例如孔子墨子同於中国人。合同者，例如合多人谓之军，合多木谓之林（《墨经校译》）

尽管以上例句中的"合同"可以有多种语义解释，但"合同"与各类词语结合使用所体现出的多样化充分证明了"合同"保持着谓词的句法特点，"合同"的谓词使用一脉相承。

但是在当代汉语中，我们基本找不到"合同"单独作谓词使用的例

子，在最有代表性的《词典》中也看不到有关"合同"的谓词义项的记载。谓词义项的消失甚至使人难以意识到谓词和名词的源流关系。不过，在一些特殊的、有限的文本中我们还会找到由谓词"合同"复合的词语。

(27) 合同训练 合同命令 合同作战 合同战术 合同战斗 合同战役（后三例采自《中国大百科全书 军事卷》）

众所周知，古代汉语给日语很大的影响，很多日语的汉字词汇保持着古汉语词汇的特征，因而我们可以借助日语考察古代汉语的原貌[3]。"合同"的谓词用法在现代日语中依然可见。日语中「合同する」的动词用法、「合同」表示数学的"迭合（全等）"概念以及下列「合同」修饰名词的用法与汉语谓词的"合同"同出一辙。

(28) 合同演習 合同練習 合同庁舎 合同労組 合同公演 合同出資 合同住宅

这些修饰名词的「合同」基本可以翻译成现代汉语的"联合"或"共同"，是谓词"合同"反映在现代日语中的历史陈迹。

谓词"合同"的消失无疑与同义或近义的新词语的衍生有关，如"联合""共同"一部分取代了"合同"。还有一个理由就是，下文将要讨论的"合同"的名词化逐步深化，促进了谓词"合同"的消失过程。

3. "合同"的名词化

"合同"是怎样由谓词转变为名词的呢？

《大词典》在解释"合同"时，引用了唐人贾公彦对《周礼·秋官·朝士》中出现的"凡有责者，有判书以治则听"的注疏。

(29) 云判，半分而合者，即质剂、傅别、分支合同，两家各得其一者也

上文中的"合同"不是一个名词的用法，不能因此而认为名词的"合同"在唐代就已经出现。通过调查原文我们发现，本文开头例（1）"合同文书"的出处元杂剧《合同文字》中同时也出现了"合同"的名词用法。元杂剧《合同文字》的前身是宋话本《合同文字》，其后又有明小说《拍案惊奇》（凌濛初，1628 年刊行）中第 33 回的《包龙图智

赚合同文》。同一题材的作品纵跨宋元明数百年间，但其中名词"合同"的形成保持相同的特点。在此我们详细考察一下三个作品中"合同"的使用情况[4]。

宋话本《合同文字》中"合同文字"出现五次，"合同"出现三次。

（30）　今日请我友人李社长为明证见立两纸合同文字

（31）　收拾衣服盘费并合同文字做一担儿挑了来

（32）　请李社长来家写立合同

（33）　包相公取两纸合同一看

我们尚不能肯定宋话本《合同文字》中的"合同"是名词用法的最早出处，但其中"合同"与"合同文字"的交替使用告诉我们，"合同"的名词化就是从"合同"代指"合同文字"这样一个借代或曰换喻的过程开始的。在元杂剧《合同文字》中，这个过程表现得更为突出。

元杂剧《合同文字》中，"合同文书"共出现二十三处，"合同文字"五处，"合同文券"一处。

（34）　我昨日做下两纸合同文书

（35）　合同文书有一样两张，只有一张，怎做的合同文字？

（36）　虽则是一张儿合同文券

我们知道，"文书"很早就有指称包括"合同"概念在内的各类公文的用法。如，

（37）　毋文书，以言语为约束（《史记·匈奴列传》）

（38）　你本利少我四十两银子，兀的是借钱的文书，还了你（《窦娥冤》第一折）

用谓词"合同"修饰"文书"以及"文字""文券"等既是对这些名词概念的限定，也是一种新名词、新概念产生的契机。"合同"之所以可以修饰"文书"一类名词，就是因为其本身所具有的表示人与人之间相互作用这样一种语义特征与"文书"相吻合。正如"红"可以修饰"苹果"就是因为苹果有红的一类。"合同"在《合同文字》中作谓词修饰名词的用法很有说服力。

（39）　赚出了合同的一张文契

（40）　我将这合同一纸慌忙付

"合同"与"文契"之间可以插入其他成分说明"合同文书"的修饰限定关系。而"合同一纸"既可以解释为"形名"结构,也可以解释为"名量"结构,这种重合解释(overlap)恰好说明"合同"是借代"合同文字"的。请看"合同"单独作名词使用的例子。

(41) 两纸合同各自收,一旦分离无限忧

(42) 就当日造下合同,把家私明明填注

从"做文书"到"造合同",从"两纸合同文书"到"两纸合同",动词结合和数量词结合所体现出的"合同"与"文书(文字)"的语法功能的一致使得我们有理由认为,与例(32)、(33)一样,例(41)和(42)的名词化了的"合同"就是借代即换喻的用法。而这种借代换喻过程在其后的一段时间内还在继续。明小说《拍案惊奇》中,"合同"的使用尚处于趋向固定化过程中,谓词"合同"多修饰名词,证明了这一点。请看根据《合同文字》情节编撰的第 33 回《包龙图智赚合同文》中的例子。

(43) 我家自来不曾分另,意欲写下两纸合同文书

(44) 今立合同文书二纸,各收一纸为照

(45) 须有合同文字为照

(46) 全凭着合同为证

同是明代作品,在《西游记》当中我们也看到了"合同"和"合同文书"共用的例子。

(47) 我与你写个合同文书(第 33 回)

(48) 你洞里若有纸笔,取出来,与你立个合同(第 75 回)

虽然"合同"属于前言代后语的借代 5)。但借代换喻是以要素间语义的相关性为条件的。如以下各例所示,以部分代全体、以性质代事物、以原料代事物、以具体代抽象等等借代的类型都保持着语义上的某种关联。

(49) 沉舟侧畔千帆过(刘禹锡《酬乐天扬州初逢席上见赠》)

(50) 将军身披坚执锐(《史记·陈涉世家》)

(51) 妾不衣丝(《汉书·公孙弘传》)

(52) 以齿则长,以德则贤(《后汉书·申屠蟠传》)6)。

"合同"代指"合同文字""合同文书"正是其表示人与人之间的关系、作用这种以性质、特征代事物的典型例子。

　　我们说"合同"的名词化是一种换喻的结果，除了根据上述"合同文书"和"合同文字"的借代使用推断，从"合同"的语义结构特点也可以得到证实。"姊妹""兄弟""睡觉""窗户""面目""国家""干净"等并列结构短语固定为双音节复合词，是由于其中一个语素意义消失或减弱，而另一语素成为语义的中心，是所谓的"偏义复词"[7]。而"合同"不是这类"偏义复词"。"合同"不是"合"与轻声化的"同"其中一个语素的语义转移而引起的语义变化和语法范畴的转换。由此可见，"合同"的名词化不是隐喻的结果，而是换喻的结果[8]。下一节我们将通过探讨"合"与"同"的构词分布进一步证明这一点。

　　另外，日语中的「合同」使用也反证了"合同"是一个换喻过程。上文我们已经通过日文的「合同」证明了"合同"的谓词化过程，而从日语中「合同行為」和「合意文書」等与合同概念有关的复合词语的成立来看，它们在构成上是异曲同工，也是以人与人之间相互作用为其特征的。这也证明了"合同"由"合同文书"演变而来的结论。

　　同样是换喻过程，"纸笔"在古汉语中可以作"字据"使用（徐2000，171页），但"纸笔"没有实现一个彻底的词化过程。"纸笔"只是"字据"的工具。工具的借代远没有"合同"借代"合同文字"这种以特征、性质为特点的借代来的坚实。在现代汉语中"字据"义的"纸笔"没有固定下来也就不足为怪了。另外，平民百姓的"布衣"、老人的"二毛"、战争的"干戈"、文章的"笔墨"都是借代即换喻的典型例子。但"布衣"和"二毛"在现代汉语中已经销声匿迹，"干戈"和"笔墨"也只有在有限的固定搭配即熟语中体现其意义。与自由搭配使用的"合同"性质完全不同。

　　《合同文字》、《拍案惊奇》以及《西游记》中的名词化了的"合同"所表示的人与人之间相互约束关系的概念在当时其外延即指示范围有限，语义结构还极其简单，只在有限的文本中使用。"合同"与"合同文书"等的共存状态即相互交替说明了这一点[9]。

　　伴随着社会生活的变化，尤其是经济活动的展开，"合同"的概念

得到了进一步的巩固，在使用上也就出现了量的和质的飞跃发展。在以后的明清作品中，"合同文书"一类的词语消失，名词化了的"合同"例子越来越多，而且语义范围逐步扩大，说明"合同"的名词化趋于稳固。

(53) 立合同议单张乘运等（《今古奇观》第9卷）

(54) 有翻悔者，罚契上加一。合同为照（同上）

(55) 胡无翳把那八张合同都写得一字不差（《醒世姻缘传》第22回）

(56) 胡三公子约定三五日再请到家写立合同（《儒林外史》第15回）

(57) 他两个面都见过，合同也该写一张（《绿野仙踪》第21回）

(58) 立了合同（《红楼梦》第24回）

(59) 合同各执，载明期限（《盛世危言·银行下》）

到了十九世纪后期二十世纪初期，"合同"的名词使用越来越丰富、稳固，与当代汉语的使用情况所差无几。请看《官场现形记》例子。

(60) 同外国人订好合同，签过字，到外洋去办（第7回）

(61) 一到上海，就与洋行订好合同（第9回）

(62) 签字之后，先付一半，又拿合同念给他听（第8回）

(63) 同了外国人打的合同，怎么翻悔得来（第8回）

(64) 违背合同（第58回）

以上是"合同"作宾语使用的例子。"合同"可以和"订""打""念""违背"等多个动词结合，足可见其名词的成熟程度和语义的深化。"念合同"就是"念文书"，"合同"代指"文书"即其名词化归因于保持语义关联的换喻在此亦得到了证明。

"合同"作主语使用的例子也充分显示了它的名词特点。

(65) 帐也开好，合同也弄好，叫他明天来签字（第8回）

(66) 况且合同上还有老丈的名字（第53回）

更能体现"合同"的名词特点及其语义内涵的使用情况是它可以与数量词结合以及修饰名词的用法。

(67) 他一共有两份合同在咱手里（第10回）

（68） 始终没见一张合同，一张股票，一个息折（第 51 回）

（69） 暂时只得将合同收条抵押在那个人家（第 9 回）

（70） 先把合同底子送过来（第 58 回）

"合同收条"和"合同底子"与上文讨论的"合同文书"是两种结构。例（69）和（70）中的"合同"作为名词是领属关系，而"合同文书"中的"合同"作为形容词是修饰限定关系。

"合同"外延的扩大从与形容词结合等修饰使用可见一斑。下例中真假合同的区分使用和时间词修饰"合同"等用法的多样化，证明了"合同"外延的扩大即其名词的成熟程度。

（71） 假合同（第 9 回）

（72） 先订一年合同（第 58 回）

名词"合同"使用的固定化是社会生活的产物，证明了"Semantic change is a fact of life"这样一个语言学的基本命题[10]。词汇是随着社会生活的变化而变化的。随着经济活动和经济关系的多样化，标志着这种活动和关系的"合同"必然在概念上获得新的解释，在使用上愈加多样化。

在《官场现形记》中没有发现作为谓词使用的"合同"的例子，证明作为经济关系和法律概念的"合同"的成熟与固定，也证明"合同"的名词化促进了谓词"合同"的消失。

在同时期的《二十年目睹之怪现状》（约成书于 1902 年）当中，也可以找到名词"合同"更加成熟的例子。除下边（73）典型名词使用的例子以外，与动词广泛结合的例子也充分体现了它的名词特点。除了与"订（定）""定立""注销"等动词结合外，"合同"还可以与不及物动词"满"结合，愈发加深了"合同"的时间概念。

（73） 合同上面没有裁定期限（第 106 回）

（74） 那么我和你定一个合同（第 63 回）

（75） 彼此并未订立合同（第 82 回）

（76） 订了合同，还请他吃了一顿馆子（第 82 回）

（77） 注销了合同（第 106 回）

（78） 订定了几年合同，合同满了，就可以回来（第 59 回）

除例（78）中用时间词"几年"修饰"合同"例子外，用"洋文"和"正"修饰限定"合同"也是一个能够说明"合同"名词化深化的现象，它扩大了"合同"指称范围即外延。

（79）　便订了一张洋文合同（第49回）

（80）　我这里正合同都不曾定（第105回）

在梁启超的作品中，我们也找到了表达具有现代意义的合同概念的"合同"例子[11]。

（81）　及其条约合同之既订（《对外与对内》）

（82）　三年合同满，即欲辞退之（《将备学堂缘起》）

（83）　即有前此经与中国人定合同者，亦作为废纸（《新大陆游记节录》）

（84）　照合同均为借款担保（《政府大政方针宣言书》）

在梁启超以后的现代汉语作品中，名词化了的"合同"语义更为扩大，使用更为多样。它不仅可以与更多的词语搭配，而且还可以再次复合，修饰许多名词。

（85）　把一份运送十二万担军米的合同手续办好了（《双枪老太婆》）

如同上文提到的"合同收条""合同底子"一样，在各类所谓的新词词典中我们找到了由"合同"组成的更多的复合词语，如"合同定购""合同医院""合同作家""合同制""合同制工人""合同制警察"等（《大词典》均没有收录）。它们都是对后接名词的一种限定。而这种限定用法的"合同"与"合同文书"等当中的"合同"有质的区别。

随着合同概念外延的扩大，"合同"又受许多词语的修饰，形成许许多多的下位合同概念。

（86）　给她捏造了个分家合同（赵树理《三里湾》）

（87）　梅厂长总是说啥集体合同的规定呀（周而复《上海的早晨》）

除了上边的"分家合同""集体合同"以外，还有"押款合同"（茅盾《子夜》）"租地的合同"（茅盾《霜叶红似二月花》）"印书的合同"（鲁迅《南腔北调集》）"劳资合同"（老舍《春华秋实》）以及"出版合同""约稿合同"等等。到了二十世纪末，在正式公布实施的《中华人

民共和国合同法》（1999）中，从"买卖合同"到"居间合同"，共为合同划定了十五个范畴，并对"合同"作了涵盖更为广泛的定义。

(88) 本法所称合同是平等主体的自然人、法人、其他组织之间设立、变更、终止民事权利义务关系的协议

无论是《合同文字》中的"合同"还是《二十年目睹之怪现状》中的"合同"都不会得到（88）这样的解释。这是历史的必然，是"合同"词化过程的必然。

4. "合"与"同"的构词分布

为进一步理解、证明"合同"的词化过程，这里有必要继续考察一下"合"与"同"的构词情况。

"合"《说文解字》的解释是"合，开口也"，不难理解作为象形字的"合"的这一表示动态意义是其本义，这也决定了"合同"复合词化必然是从谓词开始的。《大词典》为"合"立了三十几个义项，可见其语义结构之复杂。其中几个主要谓词义项都或多或少保持着语义上的联系，多用由"合"组成的复合词来解释本身就说明它们的关联性。

(89) 合拢：大荒之隅，有山而不合（《山海经·大荒西经》）

(90) 聚合：于是乎合其州乡朋友婚姻，比尔兄弟亲戚（《国语·楚语下》）

(91) 和睦：妻子好合，如鼓琴瑟（《诗经·小雅·常棣》）

(92) 相同：夫大人者，与天地合其德，与日月合其明（《易·乾》）

(93) 符合：合于利而动，不合于利而止（《孙子·九地》）

(94) 合并：合天下，立声乐（《荀子·儒效》）

(95) 结合：天地者，万物之父母也，合则成体，散则成始（《庄子·达生》）

语义结构如此复杂多样的"合"，作为语素自然有着极强的构词力。"合"仅作为前项语素构成的正序双音节复合词《大词典》就罗列了二百余个。我们先看一下现代汉语尚在使用的部分谓词。

(96) 合抱　合唱　合击　合计（四声）　合计（轻声）　合欢　合

谋　合拍　合围　合演　合议　合营　合影　合用　合葬
　　　合照　合资　合奏　合作

(97)　合璧　合度　合法　合格　合股　合脚　合口　合理　合力
　　　合流　合龙　合拍　合情　合理　合群　合身　合式　合时
　　　合算　合体　合心　合眼　合资　合辙

(98)　合并　合成　合共　合伙　合拢　合宜

　　上边分别是副词修饰动词构成的状谓结构复合词、动词连接名词构成的动宾结构（或曰支配结构）复合词以及动词连接动词构成的并列结构复合词。无论是哪种结构的复合词，"合"的本义都基本保持不变，与名词化的"合同"的情形完全不同。

　　"合"可以构成"合家""合叶（页）""合金""合约"等极少数几个名词，而近义词"合约"虽然也是由古汉语复合动词转化而来的，但与"合同"是性质不同的词化过程[12]。"合"基本不构成名词，却形成了"合同"这样一个典型的名词，说明"合同"由谓词转为名词这一转类过程是换喻的结果，而不是以相似性（similaricy）为主要特征的隐喻的过程。

　　与前项语素的情形一样，作后项语素，"合"也构成多类型的词根复合词。

(99)　暗合　不合　重合　苟合　偶合　巧合　切合　总合

(100)　符合　复合　回合　会合　集合　聚合　联合　配合　投合
　　　吻合　迎合　综合

(101)　撮合　缝合　化合　汇合　混合　胶合　接合　结合　捏合
　　　融合　糅合　适合　说合　愈合　折合

　　以上分别是偏正结构、并列结构、动补结构的复合词，但不管是哪种结构，"合"也保持本义基本不变。与前项语素的情形相似，后项语素的"合"也极少构成名词[13]。构成名词的，如指战国后期六国的"六合"也是一个典型的换喻的例子。这也说明"合同"的名词化是换喻的结果。

　　"合"作为后项语素成词时，有些是轻声化了的，如"凑合""就合""参合""热合"。但即使是这样，其中的"合"还保持着一定的原

义，与"朋友"中的"友"的情形相同 14)。"合"和"同"不是其中一个语素的虚化，下边将要讨论的"同"在名词"合同"中轻声化也不是语义虚化的标志，与"偏义复词"的性质不同。"合同"是作为一个整体概念由换喻而转义、转类的。

与"合"同样，"同"也是一个语义结构复杂的自由语素。《说文解字》的解释是"同，合会也"。《大词典》给"同"立了近二十个义项。以下例举其中有关联的几个主要义项。

（102）会合：嗟我农夫，我嫁既同（《诗·豳风·七月》）

（103）相同：同声相应，同气相求（《易·乾》）

（104）齐一：协时月正日，同律度量衡（《书·舜典》）

（105）共：有女同车，颜如舜华（《诗·郑风·有女同车》）

（106）参与：惟羞刑暴德之人，同于厥邦（《书·立政》）

"同"的基本特征是表达事物的性质状态的类同。《大词典》汇集由"同"构成的正序双音节复合词有二百五十余个，大多也都是表达这一基本语义的。仅从指称人的复合名词的构成来看，决定其词性的中心（head）是后项语素，而前项语素"同"没有发生语法和语义的根本改变。

（107）同班　同伴　同胞　同窗　同道　同行　同好　同伙　同类
　　　　同门　同谋　同仁（人）　同事　同乡　同学　同志

复合动词的情况也大体相同。

（108）同步　同等　同感　同化　同居　同事　同行

在"同甘共苦""同流合污""同类相妒"等与"共""合""相"组合的四字成语中"同"原义亦保持不变。在逆序复合词中，后项语素"同"也具有相同的特点。我们看一下并列结构和偏正结构的情况。

（109）等同　共同　会同　混同　雷同　一同　赞同

（110）伴同　伙同　苟同　陪同　如同　随同　相同　协同　偕同

通过以上构词的情况来看，"同"虽然构词力极强，但基本保持性状描写功能不变。由于动作在前、结果在后，具体在前、抽象在后这样一些汉语句法和构词的基本规律，"合"相对具体（动词），"同"相对抽象（形容词），便决定了必然是"合同"而不是"同合"的构词结

果 [15]）。

我们知道，"同"的发展变化有由词化到语法化这样质的飞跃。"同"的连词使用正是这样一个飞跃的结果。陈（2002）分析指出，"同"的连词化过程是由表示具体意义的"会合"如"君子至止，福禄既同"（《诗・小雅・瞻彼洛矣》），到表示抽象意义的"共同"如"有女同车，颜如舜华"（《诗经・郑风・有女同车》），再到连接名词的连词如"春到园中，见寒梅同春雪飞"（《全宋词・沈瀛词》）（121-22 页）。无论是词化还是语法化，"同"的语义没有发生根本的改变，它和"合"一样，都可以程度不同地联想到其原型的谓词语义。所以有理由认为，"合同"的名词化是一个整体的转换，是一种换喻的结果。与"合"一样，"同"也基本不构成复合名词，旁证了名词"合同"的成因在于换喻。

5．结语

清人翟灏言及"合同"有如下的描述。

(111) 今人产业买卖，多于契背上作一手大字，而于字中央破之，谓之合同文契。商贾交易，则直言合同而不言契。其制度称谓，由来俱甚古矣 [16]）。

文中所说的"直言合同而不言契"正是我们所分析的"合同"借代即换喻的词化过程。本章的直接目的虽然不在于探讨"由来俱甚古"的"制度"，但其"称谓"到底有多古却是我们不能不弄清楚的问题。以上我们所探讨的"合同"就是其中一个"称谓"的基本历史面貌。这个称谓"合同"在宋元明时期出现并逐渐成熟，它虽与二十世纪末制定的《合同法》中的概念不能等量齐观，但近一千年历史的"合同"词化过程告诉我们，较为成熟的合同概念在中国并非是甚晚的事情。即使是在"重农抑商"的中国文化传统中，有关经济活动、商业活动以及法律观念的词语也代代相承。诚然，"合同"只是其"制度"称谓的一种。相关的称谓词语的兴衰交替这样更为复杂的问题还有待于我们去努力探索，以彻底弄清其"制度"的历史渊源 [17]）。

注

1) 王力（1990）将"同源词"与"同源字"等同对待，其解释为"语音相同或相近，同时意义相同或相近"（515页），"合同"正是这样一个典型。

2) 陈（2002, 219页）指出，《论衡》中已经有了由"合"组成的双音节动词如"合会""合同""结合"等。可以认为"合同"组合成词应该更早。

3) 借助现代日语考释古代汉语已经有人做过尝试。如将冀骋（1991）除了使用"因声求义""校勘通义""文例、语境求义""语源求义""方言市语求义"等传统的汉语词义考释方法以外，还特别提出了"据日语的汉语借词证义"的方法，并讨论了日语的「次第」与"次第花生眼，须臾烛过风"（白居易《观幻诗》）的语义联系（206页）。这种研究方法有待于完善，具体工作有待进一步系统展开。

4) 宋话本及元杂剧《合同文字》的作者及具体年代不详。有关问题可参见太田辰夫「雑劇『合同文字』考」（『中国語文論集 語学・元雑劇篇』汲古書院、1995）。但可以肯定，它们无疑早于下文讨论的《西游记》。本章语料宋话本采自上海古籍出版社《古本小说集成》（日文翻译本平凡社『中国古典文学全集第7卷』(1958)），元杂剧采自王学奇主编《元曲选校注第二册上卷》（河北教育出版社）的版本。

5) 韩（2002）讨论借代的形成时，将"而立"代"三十而立"划为"后语代前言"一类（267页）。由"合同文书"到"合同"显然是"前言代后语"这样一个不同的借代类型。

6) 例子均采自商务印书馆《古汉语常用字字典》（1979）426-27页。

7) "偏义复词"可参阅袁等（2001, 682-89页）和徐（2000, 214-19页）。

8) 按着 Lakkof and Johnson 的解释，metaphor 就是 "understanding and experiencing one kind of thing in terms of another." (p.5)，具有相似性（similarity），而 metonymy 则 "has primarily a referential function, that is, it allows us to use one entity to stand for another." (p.36)，具有相关性（contiguity）。

9) 在当时的汉语教材《老乞大》中没有"合同"使用的例子，取而代之的是"契"及由其组成的"文契"等，说明"合同"还没有固定化、一般化。参见金文京等译注的『老乞大』（平凡社、2002）。

10) 见 David, C.（1995）*the Cambridge Encyclopedia of English*.138页。

11) 在《二十年目睹之怪现状》中有"立契约""写了两条契约""几时立的契约"三处"契约"使用的例子，而在梁启超的作品中"契约"竟出现了七十三次，而且超出了法律和经济概念的范围。梁启超的"契约"是否是与日语接触而出现的"古词再生"现象值得探讨。

12) 《大词典》例举"往三十余岁，西羌反时，亦先解仇合约攻令居"（《汉书·赵充国传》）说明"合约"的本义是"订立同盟"。作"合同"解释是二十世纪以后的事情。

13) 为论述简约，后项语素构成的动词等转化为名词并与动词同时使用的例子不在本章讨论范围之内。

14) 有关"朋友"及"友"的讨论请参见第一章。

15) 我们检索到一例"同合"，"胡说！你同合他进去了不曾？"（《醒世姻缘传》10回）。《大词典》也只给了"同合刑名，审验法式"（《韩非子·主道》）和"同合异体，乃自不知所以称之"（《宋书·范晔传》）这两例。至少可以说，"同合"不是一个使用广泛而稳

30

固的复合词。

16) 见《通俗编》（商务印书馆，1958，522 页）。

17) 以上所言及的"判书""契""契约""文契""文书"等等都有待进一步系统考察。

第 3 章 "交涉"源流考

1．引言

本章从历时和共时两个角度探讨"交涉"的形成和使用问题。

历史地看，"交涉"是一个既有联系又有区别的两个词。一是表示"关系""交往"等意义的"交涉1"，一是表示"谈判"意义的"交涉2"。通过调查分析"交涉1"的形成（第二节）、"交"和"涉"的构词分布（第三节），"交涉2"的发展（第四节）、以及现代汉语中"交涉"的使用（第五节），我们提出以下三点主张。第一，偏正结构复合词"交涉1"形成于初唐，广泛使用于明清，其"关系"和"交往"意义的获得是隐喻的结果，"交"和"涉"的构词分布以及相同结构复合词的形成也旁证了这一点。第二、"交涉2"在晚清固定成熟，它不是来自日语的借词，而是"交涉1"词化进一步发展即语义特殊化的结果。第三，现代汉语中 negotiation 及 negotiate 的对应词基本是"谈判"和"交涉"，但二者不仅在文体上有区别，而且在语义和语法功能上也体现出差异。"交涉"不具备"谈判"相对开放的短语组合功能是其语义和语法弱化的一个最重要标志。

2．"交涉1"的形成

"交涉1"始用于何时？在各个不同的历史时期它的使用发生了怎样的变化？这正是本节所要回答的问题。

在唐代作品中我们找到了"交涉"成词独立使用最早的例子。

(1) 宝应既擒，凡诸宾客微有交涉者，皆伏诛（唐·姚思廉《陈书》列传第十三）

(2) 罗师者，市郭兒语，无交涉也（唐·张鷟《朝野佥载》）

(3) 百千万亿偈，共他勿交涉（前蜀·贯休《闻无相道人顺世》诗之五）

（4）至于宫人出使，不与州县交涉，惟得供其饮食（唐·王方庆《魏郑公谏录》卷一）

（5）其父存日，与郑家还往，时相赠遗资财，无婚姻交涉（唐·王方庆《魏郑公谏录》卷二）

（6）应与孙儒踪迹交涉者，并宜免罪，不在究寻（清·董诰《全唐文》九十二卷）

例（1）姚思廉（557-637）所撰《陈书》（成书于636年）中的"交涉"是我们现在找到的最早用例[1]。观察以上例句就会发现，"交涉"在形成开始就是名词功能和动词功能二者兼而有之。例（1）的"有交涉"、例（2）的"无交涉"、例（3）的"勿交涉"以及例（4）、例（5）的否定等有限使用说明，"交涉"的"关系"和"往来"意义的表达多局限在有与无或否定等特殊的用法当中[2]。到了宋代，"交涉"的使用仍基本保持唐代的特点，与"没"等否定词搭配以及疑问表达占优势。

（7）问佛问祖，向上向下，求觅解会，转没交涉（《景德传灯录》十九）

（8）世人有见古德见桃花悟道者，争颂桃花，便将桃花作饭，五十年转没交涉（《苏轼集》卷一百二志林五十五条·祭祀）

（9）世上无眼禅，昏昏一枕睡。虽然没交涉，其奈略相似（《苏轼集补遗》诗一百七十九首）

（10）春虽与病无交涉，雨莫将花便破除（范成大《病中闻西园新花已茂》）

（11）如此为学，却于自家身上有何交涉（《朱子语类辑略》卷二）

（12）淮、汝径自徐州入海，全无交涉（沈括《梦溪笔谈》辩证二）

由此可以推断，"交涉"的成熟及广泛使用是在唐宋以后[3]。

唐宋以后，尤其是在清代小说中，"交涉"的使用发生了一定的改变。总的情况是，使用频率增大，其"交往"意义相对突出。这既是"交涉1"语义扩大即词化深化的过程，也是"交涉1"向"交涉2"发展的一个中间过程。它标志着"交涉1"的成熟和"交涉2"发展的开始。当然，这一时期的"交涉1"使用与唐宋时期保持着某些相似之处，

体现了词化过程的连续性。请看明代的几个例子。

（13）一般努目扬眉，举处便唱，唱演宗门，有甚里交涉（汤显祖《南柯记·禅请》）

（14）那女儿只在别家去了，有何交涉（凌濛初《拍案惊奇》下）

（15）如今人所共见太虚空耳，与真空总无交涉也（李贽《焚书·解经文》）

在清人李百川（1720-1771）的《绿野仙踪》（成书于1762年）中"交涉"多作"交往""往来"解释。

（16）倒只怕和仵作有点交涉（第68回）

（17）老公公与他毫无交涉，怎么说"仇恨"二字（第71回）

当然这并不意味着"交涉"的"交往"意义就一定完全取代"关系"意义。在其后的俞万春（1749-1849）《荡寇志》（成书于1847年）中"交涉"仍保持着"关系"意义。

（18）此案定与他有些交涉（第27回）

（19）这桩妖事定于二贼身上有些交涉，也须勘问（第66回）

到了二十世纪初，在部分作品中"交涉1"仍在使用，如在张春帆（1872-1935）《九尾龟》（1906年刊行）中我们还会看到"交涉1"的名词用法。

（20）难道贝大人的太太和你有什么交涉不成？（第52回）

（21）小丑小飞珠，和沈二宝也是有些交涉的（第164回）

被称为"民国第一小说家"李涵秋（1873-1923）的《战地莺花录·中》（1915年出版）中"交涉1"的用例也屡见不鲜。

（22）从来不曾同别的女子交涉（第12回）

（23）他是曾经同强盗打过交涉的（第19回）

（24）不见得遂同赛姑打起秘密交涉（第20回）

（25）同别人家女孩儿闹起交涉，我这脸面还是要不要（第21回）

例（23）中的"打交涉"与"打交道"同义，其中的"交涉"具有多义性，很难断定是"交涉1"还是"交涉2"，说明"交涉1"和"交涉2"的内在联系即"交涉2"是"交涉1"进一步发展的结果（详见

下文）。

通过以上分析可以看出，在"交涉1"的词化过程当中，名词和动词始终是未分化的，只有到了"交涉2"的进一步发展，其动词功能才越来越显著。

我们认为，"交涉"是由偏正结构短语发展而来的偏正结构复合词，隐喻是其形成的动因所在。这一点从"交"和"涉"的构词分布以及部分与"交涉"近义的词语的形成可以得到证明。

3. "交"与"涉"的构词分布

《大词典》为"交"立义项二十余个，其本义是"两者相接触"。

（26） 天地交而万物通也（《易·泰》）

由"交"的本义发生发展的一个典型义项是"结交""交往"。如，

（27） 为人谋而不忠乎？与朋友交而不信乎？（《论语·学而》）

这个意义的"交"不仅可以单独使用，而且作为后项语素还构成了大量的复合名词和复合动词。

（28） 久交　心交　世交　石交　平交　旧交　兰交　死交　至交
　　　　穷交　势交　知交　厚交　面交　亲交　神交　素交　淡交
　　　　款交

（29） 邦交　托交　纳交　信交　结交　缔交

在现代汉语中仍大量使用着由这一意义的后项语素"交"组合的复合词。

（30） 初交　故交　国交　旧交　社交　神交　深交　世交　私交
　　　　外交　新交　知交　至交　忘年交　八拜之交　一面之交

（31） 邦交　成交　缔交　订交　建交　断交　绝交　结交　相交
　　　　杂交　性交　择交 4)

但是"交涉"与例（27）-（31）中的"交"没有直接关系，"交涉"也不是"交好""交游""交易"一类"动＋动"的并列结构复合5)，"交涉"是表示"相互"意义的副词化了的"交"与"涉"组合的状中偏正结构短语融合而成的。换言之，"涉"是"交涉"的中心语素，其语义变化是"交涉"所以独立成词的根本之所在。在讨论"涉"之前，我们

先看一下副词化了的"交"的构词分布情况。

在古汉语中，作为前项语素，"交"构成许多复合词，《大词典》共记载各类结构的词语三百多个。其中"交相辉映"的"交相"副词化证明，作为副词的"交"可以构成许多偏正结构词语。在现代汉语中尚保留使用的构成与"交涉"相同的偏正结构复合动词就有以下这些。

(32) 交叉 交道 交媾 交合 交换 交汇 交会 交集 交加
     交结 交困 交融 交谈 交恶 交易 交战 交织 交流
     交际 交往 交通

分析这些偏正结构的复合词就会旁证"交涉"的结构特点及其隐喻过程。以下我们根据《大词典》的解释和例句粗略地看一下与"交涉1"有语义关联的"交际""交流""交通"在古汉语里的形成和使用情况，以证明偏正结构复合词"交涉"词化来自隐喻的结论。

"交际"形成较早，在战国时期就已独立使用。

(33) 敢问交际，何心也（《孟子·万章下》）

(34) 昆弟世疏，朋友世亲，此交际之理，人之情也（汉王符《潜夫论·交际》）

朱子对例（33）孟子的"交际"有注，"际，接也。交际，谓人以仪仪币帛交接也。""交际"无疑是一个偏正结构复合词。与"交际"近义的"交流"也具有同样的特点。

"交流"本指江河之水汇合而流，后隐喻为"来往"。"交涉"与"交流"结构相同，隐喻过程亦相同。

(35) 望河洛之交流兮，看成皋之旋门（汉班昭《东征赋》）

(36) 山林独往吾何恨，车马交流渠自忙（宋陆游《晚步江上》）

而"交通"原指交相通达，后来也喻指"往来"。

(37) 山川涵落，天气下，地气上，万物交通（《管子·度地》）

(38) 与士交通终身无患难（《韩诗外传》卷十）

与以上三例相同，"交涉"也是一个偏正结构的复合词，"涉"与"际""流""通"一样，是其复合成词的中心语素。作为这种中心语素的"涉"的语义转变是"交涉"词化的根本。"涉"的语义转变过程从其构词分布可以得到证明[6]。

作为动词，"涉"的基本义是空间移动并由此产生了相关的一些隐喻用法。

（39）渡水：子惠思我，褰裳涉溱（《诗·郑风·褰裳》）

（40）行走：故乡路遥远，川陆不可涉（谢灵运《登上戒石鼓山》）

（41）经历：况以中材而涉乱世之末流乎（《史记·游侠列传序》）

（42）到：春夏待秋冬，秋冬复涉春夏（汉王符《潜夫论·叙赦》）

（43）进入：不虞君之涉吾地也，何故（《左传·僖公四年》）

"涉"空间移动这一基本义的比喻转变也体现在由其构成的动宾结构复合词中。

（44）涉手　涉世　涉目　涉足　涉事　涉俗　涉笔　涉险　涉学
　　　涉难

"交涉"正是由"涉"表达物理空间内的水流移动、汇集转向表达人与人之间的关系、交往这样一个语义范畴发生根本改变的隐喻过程。由"涉"作为前项语素构成的"涉想"和"涉猎"，作为后项语素构成的"干涉""关涉""窥涉"等复合词化也旁证了"涉"的隐喻过程。

（45）帐前微笑，涉想尤存（南朝梁何逊《为衡山侯与夫书》）

（46）徐州张尚书，妓女多涉猎（唐冯贽《云仙杂记·粉指印青编》）

（47）与小夫人并无干涉（关汉卿《窦娥冤》折二）

（48）且事当炎运，尤相关涉（唐刘知几《史通·书志》）

（49）人品以上，贤愚殊性，不相窥涉，不相晓解（沈约《神不灭论》）

虽然"涉"的构词力很弱，作为前项语素和后项语素所构成的与"交涉"有关联的词语仅有以上这些，但它们的隐喻词化特点也说明了"交涉"是隐喻这样一个突发的词化过程。它是由具体的空间移动转向抽象的人际关系和人际交往这样一个语义领域转移的隐喻过程[7]。伴随着语义的转变，其句法范畴也随之而有所分化。例（1）至（6）"交涉"多作名词使用这一名词化特点证实了这一点。

4．"交涉 2" 的发展

在上文提到的《九尾龟》中我们同时看到了"交涉 2"的例子。

（50）　等我把这件事儿交涉清楚再行酬谢（第 32 回）

（51）　再要和洋人办交涉，自然是困难非常（第 145 回）

（52）　洋人忽然来和你交涉起来了（第 145 回）

上边的"交涉"是由"交涉 1"进一步发展而来的动词。但"交涉 2"一方面作为动词具有充当谓语的功能，一方面又保持着作为名词使用的某些功能，与"交涉 1"一样，体现出句法范畴跨类的特点。"交涉 1"和"交涉 2"这种句法特点的一致性也说明二者具有内在的联系。

（53）　交涉失败（第 146 回）华洋交涉（第 50 回）交涉的事情（第 146 回）

（54）　不谙交涉（第 145 回）闹出绝大的交涉（第 146 回）酿成重要的交涉（第 14 回）闹出大交涉来（第 158 回）做个间接的交涉（第 176 回）

例（53）中的"交涉"既可以作主语又可以构成名词短语的后项要素或前项要素，而在例（54）的动宾结构中，"交涉"一方面可以和许多动词结合，一方面又可以受许多形容词修饰。其使用的多样化说明，"交涉 2"概念在当时已经相当成熟。

在《战地莺花录·中》也发现了"交涉 2"的用例。

（55）　却不料因为撞倒那个老妇，忽然的同那两个后生闹起交涉来（第 11 回）

（56）　母亲竟引他进来同我当面交涉（第 16 回）

（57）　此后怎样向官署里交涉？（第 23 回）

（58）　今日湛氏同方钧在厅上办理悔婚交涉（第 16 回）

（59）　除得同那厮严重交涉，此外皆是无济于事（第 23 回）

例（55）的"闹起交涉"与前边例（25）的"闹起交涉"如果脱离其特定的语境就很难断定是"交涉 1"还是"交涉 2"。与相同动词搭配使用说明了它们语义的内在联系即二者的源流关系。

在一九〇三年同年刊行的三部清末谴责小说中，我们只在刘鹗的

《老残游记》中找到"再也不与男人交涉（第4回）"这一处"交涉1"的例子，而在其他两部作品中只看到了"交涉2"的用例，却没有发现"交涉1"的使用，说明"交涉2"的成熟和稳固，也预示着"交涉1"消失的开始。请看吴趼人《二十年目睹之怪现状》中的例子。

(60) 我们和外国人办交涉，总是有败有胜的（第85回）

(61) 从此起了交涉，随便怎样，也争不回来（第85回）

(62) 这两年上海的交涉，还好办么？（第91回）

同样，在李宝嘉的《官场现形记》中的"交涉2"也多作名词使用。

(63) 毕竟是他不识外情，不谙交涉之故（第9回）

(64) 说他自到外洋办理交涉，同洋人如何接洽（第54回）

(65) 不认得外国字，怎么也在这里办交涉呢（第33回）

除上边作宾语使用外，作为名词，"交涉"构成复合词语的功能相对活跃。

(66) 交涉事件（第7回） 交涉案件（第9回） 交涉重案（第31回）

尽管如此，在《官场现形记》中却发现了既可作"交涉2"又可作"交涉1"解释的双重意义的例子。

(67) 他生平最怕与洋人交涉（第9回）

例（67）充分证明了"交涉1"与"交涉2"的语义关联性，说明"交涉2"只不过是"交涉1""交往""接触"这种广泛意义的行为的一种特殊形态而已。换言之，"交涉2"正是"交涉1"语义特殊化或曰缩小的结果。

在稍后的另一部谴责小说曾朴（1872-1935）《孽海花》（始刊于1905年）中，也没有"交涉1"的出现，"交涉2"的使用也非常稳固。它首先可以作典型的动词使用。

(68) 托他向老鸨交涉（第8回）

(69) 到底交涉了几年，这外交的事情，倒也不敢十分怠慢（第8回）

它也可以作名词使用。除作主语外，还构成许多复合词语。

(70) 我国交涉吃亏，正是不知彼耳（第8回）

(71) 交涉事件（第 3 回） 交涉的方略（第 8 回） 交涉上的劳绩（第 9 回） 交涉的难题目（第 15 回） 交涉的事（第 24 回）

实际上，"交涉 2"的成熟和稳固早在郑观应（1842-1922）的《盛世危言》中就体现得很充分[8]。除例（72）作动词使用一例外，在"办交涉"动宾结构短语固定化以及由其再次组成的短语中所体现的名词特点，证明了其概念化、抽象化的程度。

(72) 英人商务交涉中国，财产颇巨（边防二）

(73) 愤时者不可以办交涉（略）趋时者不可以办交涉（交涉上）

(74) 办交涉之法日益绌，能办交涉之人日益少（交涉上）

(75) 是宜先储善办交涉之才，次定专办交涉之法（交涉上）

作主语使用，"交涉"的搭配就更加多样化。

(76) 而交涉之难调，由于意向之不定（游历）

(77) 罕习外情承办先天主见，交涉何得公平（游历）

(78) 遇交涉不平之事，据理与争（日报下）

名词的"交涉"可以作偏正结构短语的前项要素和后项要素使用，其相对自由组合与第五节将要涉及的"谈判"有某些相似之处，说明其概念化成熟程度之高。

(79) 交涉案件（吏治下）交涉之案（刑法）交涉大事（通使）交涉则例（交涉上）

(80) 界务交涉（边防五）洋务交涉（交涉上）通商交涉（交涉上）中外交涉（日报上）

在《盛世危言》中仅发现了一处"交涉 1"的用法"有交涉"，证明了"交涉 1"与"交涉 2"的历史关联。

(81) 所以各官与招商局有交涉者、或有势力者，皆不尊局船规矩（商船上）

《盛世危言》中"交涉 2"使用相当稳固，与 *negotiation* 概念基本对应。但是，"交涉 2"的固定是一时的。取而代之的是其后从日语借用的"谈判"（详见下文）。

关于"交涉 2"的来源有三种看法。一种认为它是日语的借词，高

名凯、刘正埮（1958）持这种观点。一种是避而不谈，王立达（1958）就没有涉及"交涉"的语源。一种是认为它不是日语的借词，潘允中（1989）坚持这种看法[9]。"交涉2"到底是日语借词还是"交涉1"的继续发展？以上所讨论的"交涉2"与"交涉1"的形成、使用以及他们的语义关联清楚地回答了这个问题。另外，从使用时间的先后来看，也证明"交涉2"不是来自日语的借词。

日本规模最大、语源数据最丰富的小学馆『日本国語大辞典（第二版）』（第五卷）（2001）所给日语「交渉」最早的例子是在二十世纪初。

（82）帝国が平和の交渉に依り求めむとしたる将来の保障（「露国に対する宣戦の詔勅」（1904））

但汉语中"交涉事件"一类的用法十八世纪末就已经出现，而且汉语大词典出版社《近现代汉语新词词源词典》（2001，125页）所给"交涉2"的例子比日语要早二十年（例（85））。

（83）两边人民交涉事件，如盗贼、人命，各就近查验缉获罪犯（《恰克图市约》（1792）

（84）遇中外交涉事件（冯桂芬《显志堂稿·上海设立同文馆议》（1862）[10]

（85）我中国办理交涉之案，如能不存轩轾，一秉至公，据理而论，亦未尝不可以服远人（1881年阙名《日本杂记》）

例（83）和例（84）中的"交涉"虽然不完全等于上文讨论的《盛世危言》及其后小说中的"交涉2"概念，但至少可以说它们是"交涉2"发展的一个起点和标志。这个发展的起点也证实了"交涉2"的发展是汉语内部语言变化的事实[11]。

我们认为，现代汉语部分词语是否来自日语的讨论固然重要，但它不应该只停留在使用时间先后探索的水平上。对个别词语使用时间先后的简单调查不能彻底解决词语成立即词化的动因这一根本性问题。我们的主张是，在讨论是与不是日语的借词问题的同时，如果是借词就应当进一步分析融入汉语作为汉语词汇而成立和发展的理由是什么，如果不是，就应该提出汉语内部词汇发展的线索和结构以及使用上的依据。以上"交涉"词化过程的分析正是后者这种工作的一个尝试。

5．现代汉语中的"交涉"

词化是持续着的语言过程。在清末民初至今一百年左右的历史当中，"交涉"（指"交涉 2"，下同）的演变一直在继续进行着。本节我们首先根据五四运动以后几十年间"交涉"使用频率的数字调查交待一下它被"谈判"取代的情况，再通过对当前"交涉"使用的描述，进一步分析"交涉"的词化过程和结果。

五四运动前后，"交涉"仍占据着主要地位。检索《梁启超著述及研究文献全文光盘》发现，梁启超作品约一千二百篇中一百零五篇中出现"交涉"三百二十九处，而"谈判"只在其后期作品的十三篇中出现六十三处，不到"交涉"的五分之一。另外，检索五百三十六卷《清史稿》（修成于 1914-1927）发现，"交涉"出现多次，而"谈判"为零。这说明在二十世纪初叶，"谈判"仍没有取代"交涉"的位置。

但二、三十年代以后，出现了"交涉"逐步被"谈判"取代的趋势。检索《毛泽东选集（4 卷本）》发现，其中没有使用"交涉"，而"谈判"却出现了十次。检索同时期的文学作品，显示出"交涉"使用频率逐渐降低的倾向。在收集了鲁迅、茅盾、沈从文等二、三十年代作品的《中国现代文学名著经典（一）》中，"交涉"出现二〇二次，"谈判"仅四十七处。而在收集四十年代以后周而复等人的《中国现代文学名著经典（二）》中，"交涉"出现六十一处，而"谈判"却达一百一十处。这说明，"交涉"在此期间逐渐为"谈判"所取代，以至形成了今天我们所看到的局面 [12]。

当前汉语中"交涉"的使用情况又是怎样的呢？以下我们根据检索二〇〇三年《人民日报》得到的数据，通过与"谈判"的比较试回答一下这个问题。

二〇〇三年《人民日报》中"交涉"出现了一百次左右，当然它们都是作为"交涉 2"使用的。例（86）"交涉"和"谈判"并列使用一方面说明二者保持着近义的关系，一方面又说明"交涉"和"谈判"具有一定的区别。

（86）代表农民工与企业就工资、劳动待遇等问题进行谈判交涉

（12/8）

总的来看，"交涉"基本保持着动词的句法特点，较少作名词使用，表现出相对有限的短语组合功能。这是"交涉"区别于"谈判"的一个最基本的特点。

首先看一下"交涉"作动词使用的基本情况。

（87）办案律师了解情况后，几次找到王某交涉（10/25）

（88）没有得到优抚金，刘某可以与相关部门交涉要求落实（9/4）

"交涉"作动词使用一般是具体的。上例"交涉"作连动句后项谓语或前项谓语证明了这一点。与时间副词词组结合使用也证明了这一点。

（89）为了取回自己的卡，她不得不和银行工作人员交涉了好一阵（1/13）

（90）张徐两家交涉了快一个月，还是没有结果（4/19）

"交涉"与副词组成偏正动词短语也证明了"交涉"的动词特点。

（91）多次交涉　反复交涉　一再交涉　多方交涉

与"交涉"结合的表示对象的附加词也都是具体的，如，

（92）工作人员　商家　校方　厂家　公司　超市

但"交涉"很少直接带受事宾语，与引出交涉内容的介词短语搭配时，"交涉"往往作"进行"一类形式动词的宾语使用。这说明"交涉"具有一定的名词特点即在其词化过程当中句法范畴尚没有最后分化。

（93）围绕古巴华工问题清政府与西班牙曾进行过反复的外交交涉（5/18）

（94）就此事向土耳其政府和有关国际机构进行交涉（6/11）

"交涉"的名词特点还体现在它可以构成"交涉团"一类的复合名词。"交涉团"与"谈判团"有互换性说明它们的历史发展的关联性[13]。

（95）市烟具行业协会组成交涉团前往欧洲（8/11）

而例（96）中的"提出交涉"并不是交涉行为本身，有"提出抗议"的意思，不能替换成"提出谈判"。在此，"交涉"有新的名词化趋向。

（96）中国驻法使馆也已经向法方就此提出交涉（8/16）

（97）小泉首相不顾中国政府一再交涉和强烈反对（1/15）

（98） 日本驻华使馆接到中国外交部对此事件交涉后（8/13）

例（97）的"一再交涉"与"强烈反对"并列使用说明了它们的语义关联性和类似性，例（98）中"接到交涉"的"交涉"显然不是交涉谈判的具体行为，而是口头要求或通牒，带有新的语义转变倾向。

作为名词，"交涉"可受部分形形容词、名词修饰构成偏正复合短语。

（99） 严正交涉　有力交涉　积极交涉　紧急交涉　必要交涉　对
　　　　外交涉　住房交涉

但与"谈判"比较，这类复合较少，尤其是"住房交涉"一类与名词复合的例子就更少，说明"交涉"的名词功能相对弱化。

二〇〇三年《人民日报》中"谈判"共出现了七百余次，是"交涉"的七倍，呈现出"谈判"组合短语功能的多样化局面。说明借词"谈判"取代"交涉"以及它的稳固和在现代汉语中的地位。

首先，如"本轮谈判""举行谈判"所示，"谈判"可以与文章体动量词"轮"以及"举行"搭配使用。而这些文体表达功能是"交涉"所不具备的。"交涉"既不能说"本轮交涉"、也不能说"举行交涉"。

更能说明问题的是，"谈判"可以构成很多类型短语。除并列结构、主谓结构、动宾结构以外，"谈判"还可以构成偏正结构的前项要素和后项要素。如上所述，这些组合功能"交涉"是很微弱的。

首先是并列结构短语。"交涉"很少构成下列并列结构短语。

（100）从对外招标、谈判、签约到合同的执行（7/21）

（101）对话与谈判　协商和谈判　谈判磋商　谈判商量

作为名词，"谈判"作主语构成的主谓短语中，谓语的双音节动词和四字成语都是文章体的。这说明较之"交涉""谈判"更正式、更文章语化，也更具有丰富的组词造句能力。

（102）谈判破裂　谈判触礁　谈判卡壳　谈判搁浅　谈判失败

（103）谈判步履蹒跚　谈判一波三折　谈判裹足不前　谈判陷入僵
　　　　局

名词"谈判"作宾语也具有开放性的使用功能，与作主语的主谓结构情形相同。

（104）进行谈判　拖延谈判　结束谈判　恢复谈判　深入谈判　启

动谈判　加快谈判

作偏正结构短语的前项要素时，"谈判"的组合就更丰富，更具有开放性。

（105）谈判领域　谈判战术　谈判策略　谈判方式　谈判方案　谈判原则　谈判模式　谈判对手　谈判议题　谈判空间　谈判僵局　谈判方向　谈判立场　谈判进程

作偏正结构短语的后项要素时，前项要素无论指定的是"谈判"的内容还是"谈判"的样态，其短语组合同样是开放性的。

（106）入盟谈判　条约谈判　裁军谈判　停火谈判　组阁谈判　合资谈判　索赔谈判　商务谈判　农业谈判　价格谈判　劳资谈判　引资谈判　项目谈判　贸易谈判

（107）紧张谈判　艰难谈判　高级谈判　秘密谈判　公开谈判　正式谈判　预备性谈判　平等谈判　直接谈判　拉锯谈判　多边谈判　集体谈判　国际谈判　维也纳谈判

"谈判"偏正短语的相对开放组合说明，它与英语的 *negotiation* 以及日语的「交涉」基本形成了对应关系，"谈判"才是表示 *negotiation* 概念的基本词。换言之，在现代汉语中，作为英语 *negotiation* 和日语「交涉」的基本对应词，"交涉"已经逐渐让位给了"谈判"。

我们知道，双音节词化的主要来源是短语，而成词后进一步参与短语组合所呈现的组合能力便成为其词化"成熟度"高低的一个主要标志。"交涉"的相对封闭和"谈判"的相对开放的短语组合能力正是"交涉"的弱化以及为"谈判"所取代的最明显标志。

6．结语

正如方言地理学派的代表口号所说的那样，"每一个词都有它自己的历史（Each word has a history of its own）"[14]，词汇兴衰交替的历史过程及其动因是复杂多样的。词化动因既有来自语言结构内部的，也有来自语言结构外部的。以上对"交涉"不到一千五百年发展历史的分析表明，"交涉1"的形成是隐喻等汉语内部的语义以及结构变化的结果，而社会生活的变动则是推动"交涉1"语义特殊化即向"交涉2"

发展的外部动因。众所周知，鸦片战争和五四运动是现代汉语形成和发展的两个主要历史时期。"交涉1"的消失和"交涉2"的发展及其逐渐为"谈判"所取代正是这个时代进程中语言变化的一个典型例证[15]。"交涉"的词化过程再次验证了社会生活的变动是带动词化的重要动因这一语言基本定律。

注

1) 我们尚不能完全证明在初唐以前没有"交涉"的例子。通过检索，在《太平广记》中只发现了例（2）这一处"交涉"的例子，在清人董诰编撰的《全唐文》（1796-1820）中也只发现了例（6）这一处"交涉"的例子。而在收录二千五百二十九位唐代诗人四万二千八百六十三首诗作的"全唐诗库"（http://www3.zzu.edu.cn/qtss/zzjpoem1.dll/）中，也只检索到例（3）僧人贯休（832-912）这一例。检索《陈书》以前的"前四史"及其他史书也没有发现更早的用例。"交涉"的有限分布也说明当时它还不是一个相当成熟的词。另外，检索"国学网页"（http://www.guoxue.cn），发现其中收录的欧阳询主编《艺文类聚》（624年成书）卷九水部下"泉"中记载的後汉张衡《温泉赋》中出现了"交涉"二字。"览中域之珍怪兮，无斯水之神灵，控汤谷于瀛洲兮，濯日月乎中营。荫高山之北延，处幽屏以闲清，於是殊方交涉，骏奔来臻，士女晔其鳞萃兮，纷杂遝其如烟"。但后经核查张震泽校注《张衡诗文集校注》（上海古籍出版社，1986，16页），发现其中有误。"交涉"处实为"跋涉"。看来，"交涉"成词独立使用可能不会早于初唐。

2) 《大词典》以及高文达主编（1992，376页）给"交涉1"分别立了"关系"和"往来"两个义项。我们认为"关系"和"往来"语义联系紧密、相辅相成，名词和动词的句法范畴一直没有彻底分化，所以在此对它们不加义项的区别。

3) 一般涉及"交涉"的词典，如《辞海》（1979年版，794页）和《辞源》（1979年版，151页）以及日本諸橋轍次『大漢和辞典』（大修館书店）等多列举例（10）范成大（1126-1193）的例子，给人以"交涉"出现在宋代这样一个错误印象。《大词典》虽列出了贯休的例子，但如例（1）所示，"交涉"的成立至少比贯休的例子还要早二百多年。

4) 例（28）、（29）采自安德文（1994，238-240页），例（30）、（31）采自陈晨等编著（1986，273页）。

5) 陈（2002）在讨论中古并列双音词的形成时，列举《论衡》中"交接""交通""交易"为并列结构复合词（219页），通过以下"交通"等的分析可以看出，这种归类有误。

6) 高名凯 刘正埮（1958）在讨论分析现代汉语来自日语借词的三个类型时将"交通"划为与"场合"同类的"纯粹日语"（82页），将"交际"及"交涉"划为与"文化"同类的利用古汉语的"意译"词（87页），将"交流"划为日语新组合的"意译"词（93页），以上的分析表明，这些归类显然是错误的。

7) 关于隐喻有许多文献可以参考，Lakoff & Johnson（1980）的定义较为精当，具体请

参考第四章。

8) 《盛世危言》易其前稿《救时揭要》(1873) 及《易言》(1874)、几经修订，最终版本刊行于一九〇〇年。有关《盛世危言》的成书过程及版本请参见夏东元编《郑观应集（上）》(上海人民出版社，1982)"前言"。

9) 潘允中 (1989) 曾三次谈及到"交涉"一词。他说："'交涉'古义指关涉、关系，(略) 在近代汉语里，'交涉'产生了一个新义，专指人与人间、国与国间互商处理事情的行为"(119 页)。分析中国第一个留美学生容闳 (1828-1912) 在西文借词和译词的特点时，他又例举了"交涉"(147 页)，仿佛"交涉"应该是一个借词，有自相矛盾之嫌。但在否认日语借词时却列举了"交涉"一词 (156 页)。没有从正面说明"交涉 2"的语源。另外，刘正埮等 (1984) 没有将"交涉"作外来词收录。

10) 例 (83) 引自陈帼培主编《中外旧约章大全》第一分卷 (中国海关出版社，2004，68 页)，例 (84) 引自柳诒徵撰《中国文化史》(上海古籍出版社，2001，884 页)。

11) 关于日语"交涉 2"的形成和使用问题当前还没有看到专门研究。我们推测日语"交涉 2"是受了汉语的影响。上边提到的《盛世危言》前稿三十六篇本《易言》约成书于一八七四年，其中不仅有〈论交涉〉一篇，而且还有"交涉之案""交涉事务""交涉事宜"等用法。从"(《易言》当时) 风行日、韩"的说法看 (《郑观应集·上》，238 页)，日语「交涉」很有可能受了汉语的影响。

12) 张永言 (1988) 曾例举"谈判"等词指出进入社会主义时期以后，"政治、哲学用语大普及，有些成了常用词"(136 页)。我们所调查的"谈判"取代"交涉"数据基本符合这一历史事实和结论。关于"谈判"从日语借用以及与"交涉 2"的交融、竞争以致取而代之的详细历史过程有待另文系统讨论。

13) 在最近的中文互联网发现了"交涉术"一类似如日语的复合词。这是来自日语的借用还是汉语"交涉"自身发展的问题也值得考虑。

14) 转引自徐通锵著《历史语言学》(商务印书馆，1996，235 页)。

15) "交涉 1"的消失很有可能与"关系"的广泛使用有关。相关问题也有待另文探讨。

第 4 章 "面子"的隐喻

1. 引言

林语堂在其早期中国文化论著 *My Country and My People*（1935）中指出，"面子是中国人调节社会交往的最细腻的标准""面子这个东西无法翻译，无法为之下定义""将中国人的面子与西方人的荣誉相混淆，无疑会铸成大错"[1]。

诚如林语堂所说，"面子"虽然是支配中国人行为方式的一个重要概念，但准确把握其含义并不简单。如以下各例所示，作为一种语言形式，"面子"具有丰富的语义内涵[2]。

（1）a. 有面子　没有面子

　　　b. 爱面子　好面子　要面子　丢面子……

　　　c. 给面子　留面子　看面子　伤面子……

《词典》将例（1）中的"面子"解释为"体面"和"情面"。但"体面"和"情面"不仅常常难以替换"面子"，而且我们不禁要问什么是"体面"，什么又是"情面"。用"体面"和"情面"显然概括不了"面子"所涵盖的内容。

对中国人的行为方式进行细致入微的描述也许会验证并说明面子的行为准则[3]。但本章的目的在于，从语言历史过程和实际运用的角度出发，通过考察"面子"的隐喻即概念化过程，说明"面子"的含义，揭示身体词汇（body part terms）隐喻的相对普遍性。

在进入正题之前，有必要明确一下隐喻及其相关概念换喻。

隐喻（metaphor）的研究，东西方都有悠久的历史。Metaphor 的希腊原语 μεταφορά 最早就是亚里士多德提出使用的。中国古典诗歌中所说的"比"（即比喻）可以说是隐喻的源头。中国传统修辞学对隐喻有系统研究，近人陈望道所著《修辞学发凡》（1932）是该领域代表作之一。陈著通过例（2）说明隐喻的形式是"甲就是乙"，现今仍有参

考意义。

(2) 君子之德, 风也 ; 小人之德, 草也

但传统的隐喻研究大都局限在文学和修辞学的范围之内。隐喻和引申概念的并存就是一个证明[4]。作为语义及语法形式变化的动因来系统研究隐喻是在欧美二十世纪七十年代以后。

Lakoff & Johnson（1980）开辟了隐喻与认知、隐喻与语义科学研究的先河。他们在阐述隐喻时指出,

(3) The essence of metaphor is understanding and experiencing one kind of thing in terms of another.（p.5）

强调隐喻的理解作用, 与隐喻之"喻"字本意相吻合, 反映了人类认识的共性。本章将要讨论的"面子"的隐喻, 正是我们最为重要的身体经验（bodily experience）作用于人类认知的一种语言普遍过程的表现。

隐喻不是孤立的存在, 它是在包括词组, 句子乃至篇章等语言过程中实现的。本章将证明,"面子"的隐喻即概念化最终是在例（1）所示的动词搭配即惯用语化（idiomatization）中实现的。

与隐喻相关的另一个重要概念是换喻（metonymy）[5]。汉语中有"借代"和"代称"等类似 metonymy 的概念。《古汉语常用字字典》（商务印书馆, 1979）所举借代例子是一种换喻[6]。

(4) a. 沉舟侧畔千帆过（以部分代全体）

b. 将军身披坚执锐（以性质代事物）

c. 妾不衣丝（以原料代事物）

d. 以齿则长, 以德则贤（以具体代抽象）

英语的"face"也有换喻用法。

(5) a. She's just a *pretty face*.

b. There are *an awful lot of faces* out there in the audience.

c. We need some new faces around here.（Lakoff & Johnson, 1980:37）

上面是以面代人（the face for the person）的换喻方法。只有在例（5）所构成的前后文当中,"face"才有所指。正如 Lakoff &

Johnson（1980:36）所说，

> (6)（metonymy）has primarily a referential function, that is, it allows us to use entity to stand for another.

一般认为，隐喻具有相似性（similaricy），换喻具有相关性（contiguity）。但隐喻和换喻有着内在的联系。相对例（5），"lose face"的"face"则是隐喻。日语的「顔」在「会社の顔」「ニュースの顔」中是换喻，在惯用语「顔に泥を塗る」中则是隐喻。Goatly（1997:57）概括了隐喻和换喻的连续性特征。

> (7) Metonymy provides foundations on which the metaphorical edifice is built.

"面子"的隐喻过程也将证明这一点。

2."面"的来龙去脉

在现代汉语中，"面子"只具有抽象意义并独立使用，一般人们不去考虑"面子"与"面"的关系。从这个意义上讲，"面子"可以说是"死隐喻"（dead metaphor）[7]。但"面子""面"为词根，"子"为后缀。要弄清"面子"的隐喻过程，就必须从考察"面"的来龙去脉开始。

传统的文字学和词汇学已经证明，"面"在三千年以前的商代卜辞中已出现，而其类义词"脸"则始用于东晋前期。象形字的"面"，是表达面部的基本词，是"祖型"，而"脸"是形声字，是派生词。唐宋元明间，"面"与"脸"开始混用，明人《水浒传》中"洗脸"取代了"洗面"[8]。"脸"取代"面"这一历史过程告诉我们，包括隐喻在内的"面"的抽象化使之"面"与"脸"在抽象与具体的表达上各有分工。现代汉语中作为日常词汇"面"失去了独立性，而由其构成大量的转义用法的复合词和熟语也正是这一历史过程的痕迹。

《大词典》第12卷除通假字以外，为"面"立了十八个义项。总括起来，包含了借代和引申的名词化、动词化、副词化以及量词化等四个范畴化过程。请看下例。

(8) a. 三杯面上热，万事心中去（本义）

 b. 依旧桃花面，频低柳叶眉（借代）

c.　鸳鸯对浴银塘暖，水面蒲梢短（引申）

d.　将帅不得一面天颜而去（动词化）

e.　又欲面言事，上书求诏微（副词化）

f.　相见一面（量词化）

　　从以上例子可以看出，"面"的转义及语法功能的扩大伴随着换喻和隐喻的过程，换喻是隐喻的基础（如(8)b），隐喻是换喻的飞跃（如(8)c. d. e.）。"面"的复合词化和熟语化也证明了这一点。

　　《大词典》第12卷列出由"面"组成的正序二字、三字、四字复合词和熟语共近二百五十个（不包括逆序）。请看二字复合词例子。

(9)　a.　并列式：面背　面颊

　　　b.　主谓式：面熟　面嫩　面软

　　　c.　偏正式：面妆　面具（名词）

　　　　　　　　面叙　面谈（动词）

　　　d.　动宾式：面壁　面世　面地

　　由例（9）可以看出"面"的转义与使用频率的关系。并列式的例子现代汉语已很少见，作为具体名词，构词力最差。主谓式多是转义用法，所以仍在使用。以面代人用法的"面对面"更是典型的例子。动宾式在使用上受文体的限制，使用情况较少，但"面临""面向""面南坐北"一类动词用法尚多，作为动词仍有生命力。偏正式名词虽使用但并不多见。最引人注目的是偏正式动词的情况。其中"面"作副词解释的"面＋交流动词"偏正式居多，共有六十余个，而且相当一部分现代汉语仍在使用。由此可见，"面"的转义和语法化过程包括了"以面代人"的换喻和"面就是人"的隐喻这二种过程。"面"由身体名词扩大到抽象名词、动词以及副词等过程恰好符合范畴化（categorization）的由有形到无形、由具体到抽象、由经验到认识的一般规律[9]。

　　我们认为，"面"表达人与人面对的状况这种动词和副词的用法，决定了与"面子"搭配的动词多是表达直接的对人关系的内外向动词这一特征（见第4节和第5节）。换言之，"面子"源于"面"，并且保持着"面"的某些特征。

　　由"面"构成的双音节词，无论是正序的还是逆序的，在近代汉语

中都有与概念化了的"面子"近义的例子。

（10）a. 面上　面分　面孔　面目　面皮　面情　面颜

　　　 b. 颜面　体面　脸面　情面 [10]

（10）a 的"面上"与（8）a 的"面上"同形，说明抽象名词来自具体名词，符合"mind-as-body"这一身体名词隐喻的普遍规律。现代汉语中仍然使用的"不看僧面看佛面"中的"面"与例（10）同样是隐喻，是语言发展变化留下的痕迹。

不过，作为抽象名词，例（10）a 在现代汉语中已消声灭迹，取而代之的是"面子"。（10）b 虽仍然使用，但远不如"面子"活跃，不能构成例（1）那样多样化的动词搭配形式。这说明，"面子"不仅取代了"面"及其抽象的复合词，而且其隐喻过程进一步深化，随之而来的是抽象意义的扩大和固定化即概念化。下一节我们讨论"面子"的这一过程。

3. "面子"的隐喻

3.1 "面子"的出现

据《大词典》第 12 卷记载，"面子"最早见于唐张鷟《游仙窟》，

（11）　辉辉面子，荏苒畏弹穿；细细腰支，参差疑勒断

例（11）是我们查到的"面子"表示面部的唯一例子。例（11）中"子"的出现是为保持韵律的整齐对称而加上的。如同"阿"等前缀和"儿"等后缀，"子"的附加起音韵调节作用并促成了词的双音节化。但我们认为例（11）中的"面子"与抽象意义的"面子"没有直接的联系，即"面子"的抽象意义仍是从上节讨论的"面"演变而来的。请看《大词典》同时列举的"面子"的抽象义例子。

（12）　贼平之后，方见面子（《旧唐书》）

（13）　有了王爷的面子，还怕上头不收（《官场现形记》）

（14）a. 面子话（《金瓶梅》）

　　　 b. 面子情儿（《红楼梦》）

　　　 c. 面子帐（《官场现形记》）

"面子"例（12）作宾语，例（13）作中心语，例（14）作定语。

例（12）《旧唐书》（940-945）的例子说明，"面子"表达抽象意义并独立使用是近代汉语较早时期的事情。但如下文所述，"面子"的概念化是在长期语言运用中逐渐完结的。

为什么"面子"取代抽象意义的"面"（包括上一节例（10）a中的复合词）而出现了呢？原因不外乎两个。一是上一节分析的"面"的语素化即"面"在构成复合词和熟语过程中失去了独立性，一是随着转义过程的深化，其语义愈加抽象，为表达一个独立的抽象概念而出现了"面子"。可以认为，"子"的附加是"面"的隐喻即抽象名词化的标志（marker）。正如"动词+子"成为动词的名词化一样，"子"起到了标志范畴化的作用。一般认为，后缀"儿"表示抽象，"子"表示具体。但已有人指出，如"面儿"和"面子"所示，"儿"与"子"在标志抽象与具体上有交叉功能[11]。"子"标志由换喻和隐喻引起的抽象名词化的例子现代汉语亦多见。

（15）引子　日子　脑子　份子　底子　点子　样子　小圈子　小辫子……[12]

去掉"子"，例（15）有些词则不成立（如"点子"）或者名词只有具体意义（如"笔杆子"）。"面子"与例（15）同类。

由此我们可以反证，现代汉语"面"及（10）a那些抽象意义的复合词的消失，是"面子"隐喻即概念化后取而代之的结果。

北京话至今仍有（14）这类偏正结构的用法，"面子事（儿）""面子问题"一脉相承。随着时代的发展，"面子"的用法越来越多，其语义内涵也越来越丰富，最终形成了一个新概念。

3.2 "面子"的内涵

在现代汉语中，"面子"的用法不限于例（12）至（14）这类形式。"面子"的句法功能不断扩大，抽象意义的解释愈加多样化，例子俯拾即是。

（16）a. 面子大

　　　b. 自己面子不好过

　　　c. 面子上好看；面子上过得去

　　　d. 栽了面子，坏了名声；借助他人的面子和威名抬高自己

  e. 使对方面子下不来；使他人面子难堪

  f. 碍于面子

  g. 用顶好清香油顶有面子

  例（16）中的"面子"无论在句法上具有什么样的功能，都不同程度地表达了一种抽象意义，远比（12）-（14）近代汉语的"面子"内涵丰富。

  以上例子表明，"面子"是表达对人关系（interpersonal relation）中的一种抽象概念。在第 4 节和第 5 节我们将集中通过惯用语化的考察进一步分析"面子"的语义内涵，在此暂将"面子"的定义概括如下。

  （17） 面子是人与人之间相互作用所体现出的人的一种社会价值
     所说的"社会价值"包括以下概念。

  （18） 自尊 自爱 自豪 身份 地位 声望 名誉 名声 名望
     荣誉 威信 优越感 虚荣心 人情 立场……

  在实际语言运用中，随着语境以及词语（尤其是动词）搭配的变化，"面子"可以用（18）这些抽象的概念替换解释。

  最能说明（17）的"面子"的内涵的，莫过于由表示人与人之间相互作用的内向动词（inward verb）和外向动词（outward verb）与"面子"搭配的语言表达形式了。而这种形式所要表达的，无外乎"面子"的"有"与"无"，即（17）所说的社会价值的存在与否。体现在语言形式上的就是惯用语"有面子"（如例（16）g）和"没面子"。下面将要讨论的"内向的面子"和"外向的面子"，其程度不同的惯用语化都是围绕"面子"的"有"与"无"而展开的。

  所谓内向动词和外向动词是 Teng, Shou-hsin 着眼于动词的方向性提出的动词分类。如，

  （19）a. 买 讨 学 拉 问 取 娶 接 领 要
     b. 卖 赏 说 嫁 给 推 教 赶 发 投

  内向（inward）是说某种动作或行为的作用是主体指向（agent-oriented）的。反之则是外向。在句法上它们由起点（source）和终点（goal）构成一定的语法关系[13]。以下将要讨论的与"面子"搭配的内外向动词一部分与（19）有关，其中（19）a 的"要"和（19）b 的"给"

是最典型的。但本文所说的内向和外向动词是着眼于其表达人与人之间直接作用这一语义特征，在句法上并不一定要有起点和终点构成语法关系，即其方向性往往是抽象的、隐现的。反之（19）中只表达物理空间移动的内外向动词不能与"面子"搭配，这是"面子"表达抽象意义的语义特征所决定的。（19）中没有列出的，无所谓方向性的动词，由于与"面子"搭配，在特定的对人关系的条件下，被赋予了抽象的方向性，如"爱"。下面我们分别考察内向的面子和外向的面子这二种情况。

4. 内向的"面子"

4.1 "爱面子"

"爱面子"是"面子"与动词搭配中最成熟的一个惯用语。它构成内向面子的基本模式，凡符合这个模式的，都可能构成一个搭配形式，可以是惯用语，也可以不是惯用语。

所谓"爱面子"就是不放弃面子或是保持有面子的状态。"爱"本身无所谓内外向，但"面子"的对人关系的方向性特点赋予"爱"以内向的特征。即"爱面子"是主体指向的。由"爱"构成的复合词"爱惜"和"爱护"，也可和"面子"搭配，说成"爱护面子"和"爱惜面子"。但它们不是固定形式，缺乏稳定性，所以没有"爱面子"那样容易联想，属非典型的、边缘的（peripheral）。这种情况在以下讨论的动词搭配中亦多见。

与"爱"近义的"好"构成"好面子"。"好面子"不同于"爱面子"，是说主体把面子看得重要。类义的动词搭配还有，"讲面子""看重面子""在乎面子""在意面子""顾面子"等等。"讲面子"的"讲"在此不是交流动词，如同上面的"爱"和"好"，与"面子"搭配产生了转义。由此可见，惯用语化中的要素是相互作用的。"顾面子"既可以是内向的，也可以是外向的，为明指外向，出现了双音节动词的搭配（见第5节）。

"要面子"与"爱面子"和"好面子"近义。但"要面子"是说主体为使有面子而付出努力，仍保持着原动词的某些语义特征。如同"爱面子"和"好面子"，"要面子"的方向性也是隐性的，很难可以与方向介

词短语搭配，这是惯用语化改变构成要素的语义和句法特征的典型例子。类义的惯用语和搭配形式还有，"讨面子""讨回面子""争面子""争回面子""挽回面子"等等。有趣的是，与"争"和"争回"近义的"争取"却难以和"面子"搭配。"争取"重在"取"上。具有方向性的"取"实质上是表达物理空间内移动的，是一种具体的所属关系的变动，不构成抽象的对人关系，与"面子"的抽象意义不相吻合。

表达为使有面子付出努力的结果的是"得到面子"。这种获得如果是带有附加条件的话，还可以说"赚面子""换来面子"等。当然这些说法都是不稳定的，属边缘的搭配形式，所以对它们使用与否的判断没有一定的语境是困难的。

3.2 节 (19) 所列的内外向动词中表示借贷关系和买卖关系的动词能否与"面子"搭配呢？作为内向的"买"和"借"及其复合词"凭借""借助"，可以构成"买·借·凭借·借助＋人＋面子"结构，如例 (16) d "借助他人的面子"，也是一种内向面子的表达形式。其中用"人"修饰"面子"的现象值得注意。这里的所属关系实际上明示了相对于主体的他人，这一点是有别于以上讨论的其他动词与"面子"搭配的情况的。即"爱面子""好面子""要面子"等的"面子"是暗示的内向，"买面子""借面子""凭借面子""借助面子"是明示的内向。明示的内向没有形成惯用语和固定搭配，只构成一种格式。这一点在下一节讨论的外向的面子例子中也可以观察到。值得特别提出的是，"买＋人＋面子"实际上不是主体面子的获得，而是一种给予，是说接受对方的"面子"，与下文的以"给面子"为中心的外向面子有关联。这种内外向面子的对立统一现象，我们将在第 5 节进行讨论。

4.2 "丢面子"

如上所述，内向的面子，"得"的惯用语化及搭配较为活跃，形成了一个以"爱面子"为中心的小体系。但有趣的是，在实际语言运用中"得"的否定形式很少与"面子"搭配。"爱面子"不能说"不爱面子"，"好面子"不能说"不好面子"，"要面子"也不能说"不要面子"[14]。构成反义关系的"失"类动词也较少与"面子"搭配。

内向面子的否定形式的惯用语和可以搭配的有"丢面子""丢掉面

子""失去面子""失掉面子"，它们大体近义。除此之外，内向面子的否定还有我们在第3节讨论的那种"面子＋谓词"的表达形式，如"面子不好过""面子上不好看"等。无论是动词搭配形式，还是这种句子形式，都是一种结果和状态的表达形式，不表达主体的主观意志。内向面子的否定形式表现出的这种有限动词搭配和以句子形式表达的特点与5.2节要讨论的外向面子的否定形式形成鲜明的对比，反映出人们对"面子"的认识与心态。不言而喻，没有人会在人与人社会交往中主动放弃面子的。放弃面子就意味着放弃自我，放弃作为社会存在的人的某些价值 15)。我们在（17）所揭示的"面子"的内涵，由此可见一斑。

5. 外向的"面子"

5.1 "给面子"

种种研究表明，动词"给"在世界各种语言中都表现出复杂多样的运用形式。表达以人为起点和终点的所属关系变动这一基本语义特征，规定了"给"必然成为外向动词的典型 16)。"给面子"如同内向的"爱面子"，是外向面子惯用语的原型。所不同的是，"给面子"是明示的外向，即表现在语言运用上，它可以与对象介词短语搭配。其他类似的惯用语或搭配都是围绕"给面子"这个模式而展开的，也都具有同样的语言表达特点。表示"给予"的"给"（包括4.2节中的"丢"）出现较晚的历史事实说明，"给面子"这种外向面子的观念及其惯用语化是近代汉语较晚的事情 17)。换言之，"面子"是在历史过程中不断丰富发展其内涵，最终概念化的。

"给"的原意是"A 使 B 有 C"。"给面子"可以解释为，"A（行为主体）使 B（受行为影响的对象）有面子"。"给面子"是"有面子"外向化的典型。

尽管"给面子"的"面子"有时可以解释为"自尊心"或"荣誉"，但"给面子"不能替换成"给自尊心"和"给荣誉"。道理很简单，"面子"的自尊心和荣誉的语义解释只有在与"给"搭配的固定形式中获得。换言之，"面子"是在这种惯用语化中完结其隐喻过程最终实现概念化的。

与"给面子"同类的动词搭配有"赏面子"。"赏"是"赏赐"的意思，"赏面子"的主体一定是年长者或社会地位较高的人，是"给面子"的社会关系特殊化的表达方式。

"给"的类义词"送"不能构成"送面子"。为什么呢？"送"可以说"送人情"，也是一种转义的用法。但"面子"的给予不是所属关系的变动，且必须以行为参与者（participant）双方即给予者和接受者直接作用为条件的。就是说它们保持着第2节讨论的"面"所具有的"面对面"的语义特征。不符合这一条件的动词，都不能搭配使用。"送面子"是这样，"赠面子"和"赠送面子"也是这样。其他表示物质所属关系变动的，如"发""交""递""献""还"等更不可以搭配使用。

与"给"同类的外向动词"留"可以说"留面子"。"留面子"是说不使之失去面子，使对方保持有面子的局面。与"留"近义的动词都可以搭配使用，如"保留面子"。在第4节我们曾指出"顾面子"可以是内向的也可以是外向的。为明指外向，出现了"顾全面子"。它与"给面子"的模式相吻合，和"留面子"等形成了一个以"给面子"为中心的小体系。

"看面子"是外向面子的更加抽象的惯用语。"看面子"与上文曾提到的"不看僧面看佛面"同类，常常要指明对方，如"看张三的面子"，构成一个"看＋人＋面子"的格式。这也说明"面子"源于"面"。与"看面子"相近的有"考虑面子"。"考虑"本是心理动词。与具有抽象意义的方向性的"面子"搭配，"考虑"被赋予了方向性，这一点与内向的"爱面子"情形一致。但它不是惯用语，只是一种搭配形式。这说明"面子"已完结其概念化，凡符合其抽象的方向模式的动词都可搭配，即动词搭配是相对开放的，在运用上具有相对的独立性。

由"给面子"可以联想到"给脸"。但"给脸"没有形成一个模式，是偶发的。以"给面子"为中心形成的惯用语和动词搭配不能用"脸"替代，不能说"留脸""保住脸""看脸"。"脸"与"面子"的关系6节将详细讨论。

5.2 "不给面子"

"给面子"的否定是"不给面子"。众所周知，这种由否定构成反义

关系的词语在汉语里有些是定型的。如"喜欢"与"不喜欢"。我们可以找到较为丰富的与"不给面子"近义的惯用例子。其形成动因与"给面子"的情形一致，即是围绕"不给面子"这个模式展开的。"不留面子""不赏面子""不保面子"等是成立的。

如我们在上文中指出的那样，"面子"作为一种抽象的社会关系中的存在，不具备方向性的动词也可能与其搭配，并被赋予一种抽象的方向关系。肯定的内向面子是这样，否定的外向面子也是这样。

一种形象的说法是"剥面子"。"剥"本身无所谓方向，但从"剥别人的面子"例句来看，"剥面子"是与"不给面子"近义的形象说法。所不同的是，在句法上"不给面子"用间接宾语引出对象，而"剥面子"则与 4.2 节结尾处提到的"借＋人＋面子"和上文提到的"看＋人＋面子"同结构，用偏正结构指明对象。

较之"剥面子"更为抽象的惯用语和动词搭配还有"驳面子""损面子""伤面子""损伤面子""损害面子"等等。这里出现的动词都是抽象化了的。尽管它们的结合程度有所不同，但都是"不给面子"模式的搭配形式，构成了一个否定的外向面子的小体系。

在 4.2 节中我们指出，内向面子的否定搭配形式是有限的。但以上的描述表明，外向面子的否定形式在搭配上是多样的。为什么会形成这样鲜明的对比呢？结论是，外向面子的否定等于内向面子的肯定，即"不给面子"可以是主体的"得到面子"，符合否定之否定等于肯定这一逻辑。"不给面子"也罢，"剥面子"也罢，"伤面子"也罢，对主体来说，最终都是内向面子的一种获得，是使主体"有面子"。换言之，虽然我们给"面子"下的定义是人与人之间相互作用关系中的人的一种社会价值，但"面子"最终是主体指向的。以上我们讨论的"面子"在与动词搭配这一语言运用上呈现出的特点都说明了这一点。

第 4 节和第 5 节的分析告诉我们，"面子"的隐喻即概念化基本是围绕内外向这一模式产生变化的。当然我们会看到一些内外向不明确的例子，如"维持面子""保住面子""保全面子"等。但归根到底，"面子"的隐喻过程是随着动词搭配即惯用语化的多样化而不断深化的。一些非原型的、边缘的动词搭配不过是固定搭配的一种变体。

6. "面子" 与 "脸"

以上我们分析了由"面"的语义扩大（包括换喻和隐喻）发展到"面子"表达抽象意义并独立使用过程，并通过探讨"面子"与内向动词和外向动词搭配这一惯用语化过程进一步考察了现代汉语中"面子"的隐喻用法，揭示了"面子"的内涵。读者一定会问，那么"面子"和"脸"又是什么关系呢？与"丢面子"同样，我们不是也可以说"丢脸"吗？

我们的结论是，"脸"作为具体名词，它的隐喻是不成熟的，不具备"面子"那样的稳定性和独立性，即所谓是活动型的（active），在动词搭配上没有形成一个完整的体系。除"给脸子看"等个别用法以外，"脸＋子"没有象"面子"那样彻底实现抽象名词的范畴化反证了这一点。在5.1节结尾处我们曾提到"脸"和"面子"的区别，下面再具体探讨一下这个问题。

据《大词典》第6卷记述，"脸"也可以表示抽象意义，而且可以构成抽象意义的复合词。

（20）a. 你不羞这脸（《水浒传》）

b. 你还充有脸呢（《红楼梦》）

c. 没有脸再住在这里（《二十年目睹之怪现状》）

（21）a. 脸上有光辉的事（《儒林外史》）

b. 脸子都下不去（张天翼《万仞约》）

c. 脸面却也不甚好看（《儒林外史》）

尽管例（20）和（21）中的"脸"及其复合词可以有近似"面子"的解释，而且现代汉语中确有"赏面子"与"赏脸"这样相当近义的例子，但这只能证明它们的"血缘关系"，即它们的"家族相似性（family resemblance）"[18]，绝不意味"脸"可以代替"面子"。

《大词典》列出由"脸"组成的复合词仅五十余个，是"面"的五分之一。这说明，"脸"多作为具体名词使用，缺乏"面"所具有的组成抽象复合词的构词力，在表达抽象意义时，自然也就没有"面子"内涵广泛。以上讨论的"面子"的许多动词搭配用法"脸"不成立充分证

明了这一点。

(22) a. ＊脸（的）问题

    b. ？有脸　？没脸

    c. ＊爱脸　？要脸　丢脸　不要脸

    d. ？给脸　＊不给脸　＊损脸

（22）中不成立的例子说明，"脸"用法单一，远没有"面子"的内涵丰富，没有构成一个内外向体系。加问号的是说它们可以成立，但使用上有限制或与"面子"意思不同。"有脸""没脸"只能在连动句中使用，如"有脸·没脸见人"。"给脸"和"要脸"，也多只用于熟语"给脸不要脸"，缺乏语义和语法的独立性。"丢面子"与"丢脸"尽管相似，但其语义差别可从下例看出[19]。

（23）亏心和丢脸的事总是不愿意记起的（《钱钟书杨绛散文选》）

"丢脸"是说令人感到羞愧，与"亏心"近义，所以可以并列使用。而"丢面子"是说失掉了针对他人而言的广泛而抽象的社会价值（见（17）"面子"的定义）。对儿童可以说"丢脸"，但不能说"丢面子"，足可见"面子"的社会性特点。

（22）中的"不要脸"是"面子"所不成立的惯用语。下面的例子"不要脸"和"爱面子"并列使用，证明"脸"与"面子"属不同范畴、不同概念。

（24）假道家的特征可以说是不要脸而偏爱面子（同上）

"不要脸"是说主体不知羞耻，带有极强的贬义。"脸"在此只具备单一的抽象意义即"羞耻心"，而"面子"的内涵是广泛的（见（17）的定义）。如果二者相同，例（24）就是矛盾的、不成立的了。"脸"在这里虽也是一种隐喻，但它是通过以脸代人的换喻过渡到"脸就是人"的隐喻上的，"丢脸"和"丢人"近义证明了这一点。而"丢面子"并不等于"丢人"，"面子"是一个确立了的独立概念。

7. 结语

近年来，随着语言与文化研究的深入开展，汉语词语文化蕴涵的分析越来越引人注目，研究成果不断涌现[20]。近来有人把汉语词汇的某

些民族的、文化的、历史的蕴涵，概括为"国俗语义"加以研究。我们不同意国俗语义这种提法，因为它似乎只强调了汉语的某些特性，而忽略了语言的共性。种种研究表明，隐喻尤其是身体名词的隐喻过程具有相对的普遍性。以上我们探讨的"面子"的隐喻也不例外。国俗语义研究所列举的"给面子"也并非汉语所独有[21]。

据调查，世界很多语言都有类似"面子"的隐喻。蒙古语，印度尼西亚语，意大利语，德语等都有近似"丢面子"的惯用语，而且印度尼西亚语和蒙古语里还有"给面子"的说法[22]。

我们知道，受汉语"面子"的影响，不仅日语直接使用了"面子（メンツ）"和"面目"，而且英语也出现了与"丢面子"相同的惯用语"lose face"。日英语之所以吸收了"面子"，就是因为在日英文化里也有类似面子的生活经验和认识基础。虽然"给面子"在英语里没有形成"give face"，英美文化对中国的"给面子文化"亦感到困惑[23]，但"给面子"也并非英美文化所不容[24]。西方社会的"自尊心（self-esteem）"称作"face"，而且"positive self-esteem"称作"positive face"、"negative self-esteem"称作"negative face"，可以说与"面子"是异曲用工[25]。

人类认识过程的普遍性无疑会在语言过程的普遍性当中得到反映，这正是近二十年来认知语言学所刻意追求探索的问题。共性是由无数个性构成的。"面子"的隐喻即概念化过程充分证明了这一点。

注

1) 见林著中文译本《中国人》（学林出版社 1994:203-204）。日文译本见『中国＝文化と歴史』（講談社学術文庫，1999:310-311）

2) 林语堂也从语言运用的角度谈到了"面子"的抽象性。他说，面子可以"得到"，可以"丢掉"，可以"争取"，可以"作为礼物送给别人"。以下分析表明，"面子"可以构成更为复杂多样的语言表达形式，形成了一个内外向体系。

3) 有关问题的探讨，可参见中石著《面子学》（中国对外经济贸易出版社，1998）。本文大部分语料采自中著。

4) 比喻义（metaphoric meanings）和引申义（transferred meanings）《中国大百科全书 语言文字》并列（由周祖谟执笔）亦是一例。徐国庆著《现代汉语词汇系统论》（北京大学出版社，1999:230-233）把引伸和比喻区分开来，将引伸作为近似 metonymy

的概念，比喻作为近似 metaphor 的概念加以解释。

5) 换喻是鉴于日语的说法。张敏（1998）和沈家煊〈转指和转喻〉（《当代语言学》1999.1）一文称之为"转喻"。从转义的角度说，转喻易与隐喻混淆。

6) 关于代称，王力主编（1981:1365-8）举例说明了，"以事物的特征或标志来指代该事物，以部分代全体，以原料代成品，以具体代抽象，以地代人，以官代人，专名用作通名"等现象。

7) Goatly（1997:32）把 metaphor 划分为 "Dead, Dead and Buried, Sleeping, Tired, Active" 五类。但"面子"概念化的确立，并不意味其用法的固定，第 4 节和第 5 节的讨论证明，"面子"仍处在丰富的惯用语化过程中。

8) 见潘允中（1989）51-52 页。

9) 关于范畴化及身体名词的隐喻详见 Heine, et al.（1991），Foley（1997）及 Goatly（1997）。

10) 引自《大词典》第 12 卷以及王贵元·叶桂刚主编《诗词曲小说语词大典》（群言出版社，1993:384）和高文达主编《近代汉语词典》（知识出版社，1992:546-547）。除此处例子外，"颜"及"颜色"和"颜情"等与下文的"脸"同样，也与"面子"有语义的关联，但现代汉语已不见其用法，"颜"的考察本文从略。

11) 见郭良夫著《词汇与词典》（商务印书馆，1990:20）。"子"的历史过程见蒋冀骋（1991:39-40）。

12) 引自陈晨等编著《简明汉语逆序词典》）（知识出版社，1986）

13) 见 Teng, Shuo-hsin 著 *A Semantic Study of Transitivity relations in Chinese*.（University of California Press, 1975.）

14) 当然在反问句"哪有不爱面子的"这种特殊的语境下也可以成立，但不是一般的搭配。

15) 因此我们认为，只有中国人才重视面子的说法是有失客观的，是对"面子"理解的偏颇所造成的，有关这一点 7 节还将谈到。

16) 关于"给"的特征参见 Newman, J. 著 *Give: A Cognitive Linguistic Study*.（Mouton de Gruyter, 1996）及拙著盧（2000）

17) 《大词典》"给"的最早例子是在宋代（见第 9 卷），"丢"的最早例子是在元代（见第 2 卷）

18) 关于 family resemblance 参见 Heine, et al.（1991:227）

19) 《词典》把"丢脸"解释为"丧失体面"，并把"丢面子"解释为"丢脸"，不能令人满意。

20) 如杨琳的《汉语词汇与华夏文化》（语文出版社，1996）和崔希亮的《汉语熟语与中国人文世界》（北京语言文化大学出版社，1997）

21) 见王德春主编《汉语国俗词典》（河海大学出版社，1990）。关于国俗语义还可参见王德春〈国俗语义纵横谈〉（『大河内康憲教授退官記念中国語学論文集』，東方書店，1997）

22) 见亜細亜大学慣用句比較研究プロジェクト編『目は口ほどものを言うか？』（三修社，1998）

23) 见 Pye 著 *Chinese Negotiating Style*.（Quorum Books. 1992:101）

24) 笔者与英国同事 Goldsbury 教授谈及到"给面子"时，Goldsbury 教授脱口而出，"I can imagine it"。

25) 见 Foley（1997:269-275）

第 5 章 "文化"的形成与发展

1. 引言

余秋雨《文化苦旅》的"内容提要"仅有四百余字,但"文化"却出现了十次。除了"中国文化"和"江南文化",还有"文化散文""文化灵魂""文化人格""文化良知""文化走向""文化感慨""文化感悟力"这些比较新奇的组合用法。汉语的"文化"使用复杂多样,有必要重新加以解释。

历史地看,"文化"是来自近代日语的借词。而在借用当时,是没有"文化散文"一类用法的。二十世纪初,为引进英语的 Culture 和德语的 Kultur 概念,日语赋予古汉语中"文治教化"意义的"文化"以新义,形成了一个新词。从日语转借来的"文化"是如何在汉语中固定并发展变化的?这是词化研究的一个有趣的问题。本章的目的在于探索"文化"的借用和演变过程,在描写词组和合成词(以下简称词语)组合功能变化的同时,分析"文化"成词及变异的动因。

本章由以下四个部分组成。第一,调查启蒙思想家梁启超作品中的"文化"。通过调查"文化"的近义词"文明"的使用、"文化"和"文明"的混用以及"文化"使用的固定,对现代汉语"文化"的形成过程作一个初步的探讨。第二,收集毛泽东作品中"文化"的例子,在与梁启超的"文化"使用进行比较的同时,描写其语义变化及其变化的根由。第三,调查进入改革开放以后的"新时期"尤其是在文化研究盛行的"文化热"当中的"文化"使用情况,从其多样化的使用分析"文化"的语义特点。第四,归纳"文化"词化的历史过程,从概念与词汇相互关系的角度提出我们的结论,这就是,内涵和外延变动的概念化不仅与词化及语义变化过程相辅相成而且还是词化的根本动因。

2．梁启超的“文化”借用 [1]

梁启超（1873-1928）一生留下了数以千万字的著作，对现代汉语的形成给予极大的影响。郭沫若曾有评，当时的青年“可以说没有一个没有受过他的思想或文字的洗礼的”[2]。梁启超的作品一般被划分为三个时期，即 1896 年至 1911 年的第一期，1912 年至 1917 年的第二期，1918 年至 1928 年的第三期[3]。作为启蒙思想家，梁启超探讨过许多问题。1922 年发表的《什么是文化》一文起到了文化研究先驱的作用。

梁启超在《什么是文化》中给文化下过定义。尽管与当今人类学的文化概念有些差异，但其定义还是相当具有概括性的。

（1）文化是包括人类物质精神两面的业果而言。（略）人类欲望最低限度，至少也想到“利用厚生”；为满足这类欲望，所以要求物质的文化如衣食住及其他工具等之进步。但欲望决不是如此简单便了，人类还要求秩序，求愉乐，求安慰，求拓大；为满足这类欲望，所以要求精神的文化如言语、伦理、政治、学术、美感、宗教等。这两部分拢合起来，便是文化的总量。

（2）Culture, in anthropology, the patterns of behavior and thinking that people living in social groups learn, create, and share. A people's culture includes their beliefs, rules of behavior, language, rituals, art, technology, styles of dress, ways of producing and cooking food, religion, and political and economic systems.（Bodley, 2000. Culture. In: Microsoft Encarta Reference Suite 2001）[4]

但梁启超的“文化”概念不是一朝一夕形成的，是有一个渐变的过程。让我们先从其近义词“文明”的使用开始追寻一下这个过程。

2.1 “文明”的使用

作为 civilization 的译词，“文明”的最早出处尚不清楚，但在梁启超第一时期作品中已经出现了“文明”使用较固定的例子，并且在 1905 年的诗歌作品中也出现过“文明”。

（3）a.（中国）则数十年其强亦与西国同，在此百年内进于文明耳

  b. 譬之有文明百分，今则中国仅有一二分（1897《与严幼陵先生书》）

（4）a. 价换头颅金十万，民权演说发文明

  b. 君看欧罗今世界，几回铁血买文明 5)

  "文明"可以组成许多词语，句法范畴多样化。先看一些作名词使用的例子。

（5）a. 文明灿烂 文明盛 文明弱 文明停顿 文明普及 文明发达 文明破灭

  b. 传播文明 发生文明

  c. 人类文明 地球文明 世界文明 罗马文明 欧洲文明西洋文明 东方文明 新文明 中国文明 精神的文明物质文明 高等文明 古代文明 旧式文明 现代文明

  （5）a 是主谓结构，（5）b 是动宾结构，（5）c 是偏正结构。如（5）c 所示，与各种限定词结合，"文明"不仅具体化了，而且还产生了新的概念（复合词）。但"文明"本身是一个外延很大的概念。

  "文明"还可以形容词化作修饰语（modifier）使用。

（6）a. 今之所谓文明大业者，自他日观之，或笑为野蛮，不值一钱矣

  b. 凡愈野蛮之人，其婚姻愈早；愈文明之人，其婚姻愈迟（1902《新民议》）

（7）文明之政治 文明之社会 文明之精神 文明事物 文明世界文明时代 文明人类 文明事业 文明程度 文明动力 文明思想 文明国 文明国民 文明人

（8）吾欲申言野蛮专制与开明专制之异同（1906《开明专制论》）

  例（7）中虽有"文明人"这样表达固定概念的复合词，但从副词"甚""最""极""愈"作修饰、与形容词"幸福"构成并列结构以及和"开明"同样可以和"野蛮"构成反义关系等来看，"文明"的形容词特点不容否定。

  "文明"还可以作动词使用。

（9）故吾愿发明西人法律之学，以文明我中国（1896《论中国宣

讲求法律之学》）

从以上各例看，"文明"概念的确立是在十九世纪末二十世纪初，在语言运用上有句法范畴多样化的倾向。如下文所述，梁启超的"文化"没有"文明"如此多样的用法，形成了一个对比。

2.2 "文化"的出现与固定

在"文明"使用同期，"文化"也出现了。

(10) 昔者统治中国之异种，皆游牧贱族，无有文化，故其入中国也，不能化中国，适为中国所化耳（1899《论中国人种之将来》）

(11) 又雅典人所自负者，与全希腊文化之中心点集於其国也（1902《论教育当定宗旨》）

(12) 今举广东对于世界文化上所贡献者如下（1905《世界史上广东之位置》）

仅从以上各例看，作为名词的"文化"与"文明"语义基本相同，可以说梁启超是将二者视为同一概念的。这种倾向在其第二期和第三期作品中也观察得到。

(13) a. 则世界上一切文化，皆人类战胜自然界之卤获品

　　 b. 孤独生活者而能致文化之发生者，未之前闻也（1915《菲斯的人生天职论述评》）

(14) a. 欧洲现代文化不论物质方面、精神方面，都是从"自由批评"产生出来

　　 b. "一个国民，最要紧的是要把本国文化发挥光大（略）就算很浅薄的文明，发挥出来，都是好的"

　　 c. 是拿西洋的文明来扩充我的文明，又拿我的文明去补助西洋的文明，叫他化合起来成一种新文明

　　 d. 把自己的文化综合起来，还拿别人的补助他，叫他起一种化合作用，成了一个新文化系统（1920《欧洲心影录节录》）

(14) a 的"现代文化"与"现代文明"可以互换，(14) b 虽是同一语境但"文化"与"文明"却交替使用着[6]。而 (14) c 和 (14) d 中的

"一种新文明"和"一种新文化系统"是说的一回事。从下边由"文化"组合的词语来看，"文化"和"文明"的互换性也是一目了然的。

(15) a. 文化灿烂　文化发展　文化渐开　文化普及　文化消沉

　　　b. 传播文化　破坏文化

　　　c. 人类文化　世界文化　中国文化　东方文化　物质文化
　　　　高等文化

　　"文化"与"文明"的混用可以说是概念未分化所体现的词汇未分化现象。众所周知，人类学之父泰勒（Tylor）就是将文化和文明视为同一概念的[7]。而在梁启超的作品中也有"文明或文化"这种连用的例子。

(16)　吾所谓文明或文化者，道家一切悉认为罪恶之源泉（1922
　　　《先秦政治思想史（2）》）

　　但在梁启超后期作品中可以找到"文化"有别于"文明"的例子，"文化"逐渐朝着不同方向进一步概念化、词化。

(17) a. 本刊所鼓吹，在文化运动与政治运动相辅并行

　　　b. 本刊所鼓吹，在使文化运动向实际的方面进行（1920
　　　　《〈改造〉发刊词》）

(18)　但算起总帐来，革新的文化，在社会总是有益无害。因为这
　　　种走错路的人，对于新文化本来没有什么领会（1921《辛
　　　亥革命意义与十年双十节之乐观》）

(19)　只能用来横断新旧文化，不能用来纵断东西文化（1922
　　　《科学精神与东西文化》）

　　如（17）a 所示，"文化"是作为与政治有关的概念使用的。（17）b 的"政治运动"可以说成"实际的方面"[8]，"文化"的观念性增强了。（18）和（19）的"文化"是在新文化运动这一社会背景下产生的新概念，所谓"新文化"意味着新思潮，是不能替换成"新文明"的。我们看一下梁启超"文明"中所没有的一些"文化"的例子。

(20) a. 外国文化　外来文化　社会文化　传统文化

　　　b. 文化内容　文化国民

(20) a 的"文化"可以换成"思想"，"文化"可以理解为一种精神

的存在。(20)b 是用"文化"来表示后边的名词的属性，与例（7）的"文明国民"和"文化国民"比较就会看出"文化"更加抽象，可以有多种解释。如下例所示，表达人类活动的一个范畴是其多种解释的一种，而"文明"是不具备这种指示功能的。

> (21) 将来无论在政治上，或教育上，或文化上，或社会事业上……乃至其他一切方面，你都可以建设你预期的事业（1927《北海谈话记》）

检索梁启超一千二百余篇作品发现，"文明"在一百六十余篇中出现七百余次，而"文化"在一百篇中出现了六百次左右。检索结果还显示，第一期和第二期作品中多使用"文明"，第三期作品中多使用"文化"。这说明，随着时代的发展，"文化"概念愈加稳固也愈加多样化。下一节将要讨论的毛泽东作品中"文化"频频出现，而"文明"寥寥无几，也证实了这一历史事实。

2.3 "文化"的由来

一般认为，梁启超的"文明"和"文化"都是从日语借用的[9]。日语中"文明"和"文化"的情况可以证实这一点。

生松（1968）和柳父（1995）曾经指出，明治后期"文化"就已出现。以下是小说家夏目漱石作品中的例子。

> (22) a. 今ノ文化ハ金デ買ヘル文化ナリ（1901「断片」）
>
> b. 西洋の文化から自らが得来つた趣味（1905「戦後文学の趨勢」）

例（22）的"文化"只不过是明治维新前夕福泽谕吉所创"文明开化"的缩略或"文明"的代用，而作为当今文化概念原型的"文化"作为译词，是在文化主义、教养思想兴盛的大正初期（1915 年）产生的。从以上梁启超作品中"文化"的使用情况来看，这个结论似乎没有错。如（1）所示，梁启超真正探讨"文化"是在 1922 年即大正后期。《辞源》的《正编》中没有收进"文化"，1931 年出版的《续编》中才收录了"文化"。这说明，"文化"的形成到一般使用比日本大约晚二十年左右的时间。

但正如日本学者柳父所指出的那样，即使是西方译词，"文化"也

没有完全失去中国古典中文武对立的思想含义 [10)。梁启超第一期作品中的"文化"尚有使人意识到文武对立观念的例子。

(23) 论者曰，雅典为文化之祖国，斯巴达为尚武之祖国（1902《斯巴达小志》）

(24) 同为历史的人种也，而有世界史的与非世界史的之分。何谓世界史的？其文化武力之所及，不仅在本国之境域，不仅传本国之子孙，而扩之充之以及域外（1902《新史学》）

"文化"与"尚武"、"文化"与"武力"相对峙，正说明"文化"与(25)中"文德教化""文治教化"意义的古汉语保持着一定的联系。

(25) a. 凡武之兴，为不服也；文化不改，然而加诛（《说苑》）

   b. 文化内辑，武功外悠（束皙（?-300）《补亡诗》）

   c. 设神理以景俗，敷文化以柔远（王融（468-94）《曲水诗序》）[11)

陈望道在 1923 年《谈新文化运动》一文中对"文化"有所阐释，从他的解释也可以看出梁启超的"文化"与古汉语中的"文化"的关联性。

(26) "文"是"野"之对；"化"即是"教化""感化"的"化"，无非"变化"的意思。所以"文化"一词，说来也甚简单，指其动状不过"化野得文"的历程，指其静状不过是"化野为文"的结果 [12)。

所谓"'化野得文'的历程"与原本意味"改变自然"的 culture 和"文德教化""文治教化"都保持着一定的联系，而所谓"'化野为文'的结果"也正是梁启超所说的"人类物质精神两面的业果"。换句话说，梁启超的"文化"虽经由日语，但与日语一样，是与古汉语保持着一定的联系而蜕变产生的新词。

3．毛泽东作品中"文化"的变化

查阅《毛泽东选集》发现了与梁启超使用相同的"文化"例子 [13)。

(27) 看不起中国文化的时代应当完结了。（略）这种中国人民的文化，就其精神方面来说，已经超过了整个资本主义的世界

（1405）

(28) 中国人被人认为不文明的时代已经过去了，我们将以一个具有高度文化的民族出现于世界（第5卷6）

例（27）的"中国文化"是总称用法，例（28）的"高度文化"也就是"高度文明"。这说明，自梁启超以来形成的"文化"在毛泽东作品中也得到了继承。相同结构的"文化"词语也很多，有些在梁启超作品中已经出现过。

(29) a. 现代文化　古代文化　历史文化　新文化　旧文化　大众文化　农民文化

　　 b. 文化史　文化典籍　文化领域　文化问题　文化运动

如"文化运动"所示，在梁启超的作品中，"文化"已经被理解为一种观念形态。如例（27）"中国人民的文化"所示，毛泽东进一步发展了梁启超的"文化"，逐步形成了一个不同的概念。我们的结论是，在毛泽东的作品中，"文化"一方面偏重于观念侧面，被视为一种意识形态，一方面又与传统的文武对立观念紧密相连，专指与精神活动有关的文学艺术或知识。伴随着概念的转变，语言上的使用变化也很明显，出现了"文化"语义的缩小化和特殊化现象。

3.1 "学文化"

请看下边的例子。

(30) 我们的工农干部要学理论，必须首先学文化。（略）这些文化课学好了，到处有用（776）

(31) 提高会计员的文化、技术的好办法（第5卷254）

例（30）的"学文化"和"文化课"的"文化"指教科书里的知识或基础教育，是语义变化中的缩小化、特殊化的例子。除例（30）这种熟语化的例子以外，如例（31）所示，"文化"与相同范畴的"技术""知识"并列也说明其语义的特殊化。而这种意义的"文化"还可以用作偏正结构的前项即限定词，构成许多近似复合词的词语。

(32) 文化水平　文化水准　文化程度　文化的军队　有文化的劳动者

梁启超作品中"有文化"也出现过数次，但如例（33）所示，它是

对社会、民族等集团而言，与毛泽东用于每一个人的评价形成了对照。

（33）　我们这个民族，有无文化。如有文化，我们此种文化的表现
　　　　　何在（1927《儒家哲学》）

日语中的"文化"没有知识或基础教育的义项，这也反证了毛泽东
作品中的"文化"语义发生了改变这一事实。

《中国现代文学名著经典（1）》收录了鲁迅、茅盾、郭沫若、冰心、
沈从文、老舍的作品，经检索发现，与梁启超一样，"文化水平""文化
程度""学文化""有文化"一类例子在鲁迅、茅盾、郭沫若的作品中没
有出现，只在冰心、沈从文、老舍等解放后的作品中出现过。我们现在
还不能断定"学文化""文化水平"等说法就是出自毛泽东，但至少可
以说这种"文化"语义的缩小化、特殊化是在毛泽东作品中固定下来的。

3.2　"文化生活"

毛泽东作品中的"文化"还有指人类活动一环的例子。

（34）　它控制了全中国的政治、经济、交通、文化的枢纽或命脉
　　　　　（173）

（35）　进行大规模的经济建设和文化建设，扫除旧中国所留下的贫
　　　　　困和愚昧，逐步地改善人民的物质生活和提高人民的文化生
　　　　　活（第5卷9）

例（34）和（35）中的"文化"是指以文学艺术为中心的精神活
动或其成果，例（35）中的"文化生活"正是欣赏文艺一类的精神生
活。这种意义的"文化"在梁启超作品中没有固定下来，其中既没有
"文化建设"也没有"文化生活"的例子。另外，在日语中，"文化生活"
则是指方便而高级的物质生活，与汉语形成了对照。可以推断，这里的
"文化"也是从古汉语文武对立的"文化"产生而来的。下边的例子可
以证明这个观点。

（36）　在我们为中国人民解放的斗争中，有各种的战线，就中也可
　　　　　以说有文武两个战线，这就是文化战线和军事战线（804）

"文武战线"与"文化内辑，武功外悠"的思想同出一辙，可以说
这里的"文化"是古语的一种复苏。由这类"文化"构成的词语在毛泽
东的作品中频繁出现。

（37）　文化机关　文化团体　文化界　文化人　文化工作者　文化
　　　　生力军　文化食粮

可以认为，当今汉语中常见的以"文化"命名的文学艺术方面的组
织机构名称也都是由此衍生的。

（38）　文化部　文化局　文化厅　文化馆　文化宫　文化站　文化
　　　　中心　文化俱乐部

3.3　"革命文化"

上边指文学艺术活动等的"文化"进一步观念化，指一种意识形态
上的存在。请看"文化生活"的另外一种用法。

（39）　人的认识，在物质生活以外，还从政治生活文化生活中（与
　　　　物质生活密切联系），在各种不同程度上，知道人和人的各
　　　　种关系（260）

上文中的"文化生活"与"政治生活"并列，就意味着二者范畴上
的相关性。梁启超作品中也出现过观念化的"文化"的例子，但在毛泽
东这里，"文化"的观念性愈加鲜明，作为政治概念的"文化"得以固
定。

（40）　现阶段的中国新文化，是无产阶级领导的人民大众的反帝反
　　　　封建的文化（812）

例（40）中的"文化"无疑是作为思想领域的词语使用的，是有别
于梁启超的文化概念的政治概念。同样意义的名词词语还有很多。

（41）a. 帝国主义文化　封建文化　反动文化　进步文化　革命文
　　　　 化
　　　 b. 文化革命　文化革命运动　文化围剿　文化剿共　文化侵
　　　　 略政策

（41）的例子都是特殊时代背景下产生的。尽管"文化围剿"一类
已经成为"废词"，但不难看出，作为意识形态的"文化"是在毛泽东
这里固定下来的。这个过程一直延续到文化大革命结束的七十年代。
"文化大革命"是所谓"触及人的灵魂的革命"，是一场政治运动。这一
政治运动以"文化"命名，足可见"文化"的观念性及作为意识形态的
特点 [14]。

毛泽东曾在 1940 年的《新民主主义论》中对"文化"有过如下论述。

(42) 一定的文化是一定社会的政治和经济在观念形态上的反映
（655）

例（42）是毛泽东"文化观"的一种反映，其"文化"概念与梁启超迥然有别。以上探讨的例子只不过是毛泽东的文化概念在语言中所反映的一个事实。毛泽东对于"文化"不是象人类学那样进行一种总体把握，即不是作为适应体系、概念体系、象征体系来把握，而是与政治、革命、军事、经济这些和革命运动、社会主义国家建设有关的概念紧密关联，是从其观念的角度把握"文化"的。毛泽东为指导实践从事着语言活动，展示了一种"实践哲学"。作为革命运动、阶级斗争领袖，不去从文明论、文化论的角度把握"文化"应当说是历史的一种必然。

在同属汉语文化区域的台湾，对于社会主义中国的"文化"理解出现了困惑。在台湾出版的《中共术语汇解》(中国出版公司编印，1972年) 中，不仅收进了"文化革命""文化学习""社会主义文化大革命""无产阶级文化大革命""东方文化主义""新民主主义文化"等词语，而且还对其详加解释。这从另一侧面反映了自梁启超以后毛泽东作品中"文化"一词变化的历史事实。

4．"新时期"以后的"文化"

梁启超和毛泽东的"文化"概念具有比较复杂的语义内容，在现代汉语中相当固定，在当今较概括的文化概念的定义中也有所反映。

(43) (文化) 人类在社会实践过程中所获得的能力和创造的成果。
(略) 广义的文化总括人类物质生产和精神生产的全部产品。狭义文化指精神生产能力和精神产品，包括一切社会意识形态，有时又专指教育、科学、艺术、卫生、体育等方面的知识和设施，以与世界观、政治思想、道德等意识形态相区别，文化中的积极成果作为人类进步和开化状态的标志，便是文明。(1988《中国大百科全书哲学》)

但由于语言的平易和政治影响力的关系，毛泽东对现代汉语的形成

和变化的影响比起梁启超不知超出多少 [15)]。毛泽东的"文化"根深蒂固,指知识的狭义"文化"尚保持着相当的优势便是一例。八十年代初,人文学者金克木在文章中特意加注将"文化"与"书本知识"区别开来,便可见其一斑 [16)]。

(44) 调查研究人类的或一个民族的文化(不是指书本知识),又是由来已久

但进入"新时期"以后,文化问题再度提起,在所谓的"文化热"中,在新概念的引入和回归传统的倡导下,伴随着概念的多样化,如本文开头所示,"文化"出现了新的词化动向。

4.1 "文化"概念的多样化

1988 年出版的金哲等主编的《当代新术语》(上海人民出版社)一书中,共收进以"文化"为中心词的新术语二十余个。

(45) 不生育的文化 Child-free Culture　计算机文化 Computer Culture　动态文化 Mobil Culture　同喻文化 Co-figurative Culture　闲暇文化 Leisure Culture　青年文化 Adolescent Culture　审美文化 Esthetic Culture　显示文化 Overt Culture　前喻文化 Pre-figurative Culture　校园文化 Campus Culture　留置文化 Stored Culture　离心文化 Centrifugal Culture　隐示文化 Covert Culture

而以"文化"为修饰语的术语也有二十多个。

(46) 文化丛 Cultural Complex　文化心态 Cultural Mental State　文化主题 Cultural Theme　文化取代 Cultural Substitution　文化抗阻 Cultural Resistance 文化剥夺 Cultural Deprivation　文化差异 Cultural Variation　文化退化 Cultural Devolution　文化核心 Cultural Core 文化景观 Cultural Landscape　文化重组 Cultural Reformulation　文化整合 Cultural Integration　文化积累 Cultural Accumulation

以上都是包含了 Culture 概念的译词。我们知道,人们是通过修正词语的适用范围来掌握概念的。但从发生的角度看,伴随着词语适用

范围即外延的扩大，词语的语义内容即概念的内涵也将随之改动。换言之，概念化与词化是相互作用、相互补充的一体化过程。"文化"多样化词语组合这一语言事实所反映的其外延和内涵的变化也正证实了这一点。

4.2 "电视文化"[17)]

如上所述，无论是作为复合词语的前项还是后项，"文化"的使用相当活跃，具有开放性。这一点一直保持不变。仅从构成动宾结构和偏正结构的后项的情况看就会发现，"文化"的语义解释没有多大变化。请看动宾结构的几个例子。

（47） 弘扬文化　普及文化　扼杀文化

上边的"文化"都是施动的对象，是比较具体的，可以用与"文化"保持联想关系（association relation）的观念或者其下位概念、包容概念的"历史""传统""社会""精神""文明""艺术""知识"等替换，可以认为这是"文化"的一般运用。偏正结构的情况也是如此。

（48） 炎黄文化　华夏文化　中华文化

（49） 大众文化　传统文化　古老文化　古典文化　灿烂文化

（50） 饮食文化　酒文化　茶文化　电视文化

例（48）是"中国文化"的另一种说法，作为总称使用的"文化"语义基本没有改变。例（49）虽并非是指类概念的成员，但基本是指广义概念的"文化"范畴里的某一项。"中国文化"和"大众文化"都使得广义概念的"文化"相对具体化，是"文化"的一成员或曰事例。例（50）很值得注意。梁启超和毛泽东作品里都没有这种用法。在人类学里，"文化"是一个概括性的概念，人类活动的全部都可以看作是文化（见（2）的定义）。"电视文化"等的前项可以看作是规定后项"文化"的成员，但"文化"是整体把握前项的一种概括，从文化学的角度看，什么都可以成为"……文化"。可以说，"文化"与形态化了的"主义"等一样在这里是作为类后缀使用的。如果没有文化人类学文化概念的渗透和深化，也就不会出现上述语言上的这种变化。

4.3 "文化人格"

现在看一下前项的"文化"。前项的"文化"基本构成主谓结构和

偏正结构两种结构。主谓结构与上边的动宾结构一样比较单一。

（51） 文化活跃　文化发展

广义的或者是狭义的"文化"在主谓结构中体现着一种指示功能，并没有太大的变动。问题是我们在文章开头提到的偏正结构前项的"文化"的使用。

作修饰语使用的"文化"有时没有外延的标志，其语义解释就会产生歧义。以下我们从分析"文化"所修饰的名词的特点入手，试析一下梁启超和毛泽东所没有使用过的"文化"。

如例（52）所示，"文化广告"等是梁启超和毛泽东作品中没有的一种组合。或许可以认为，这是由于后接的名词的特点使成的，"文化"本身并没有改变。但其中的"文化"语义解释还是不稳定的。"文化广告"既可以是文化事业方面的广告，也可以是带有文化氛围的广告。在这里，"文化"在逻辑语义之上还添加上了附加语义（connotation）[18]。

（52） 文化市场　文化企业　文化产品　文化广告　文化热线　文
　　　　化社区　文化效应

另外，我们还可以举出只有附加语义的"文化"的例子。

（53） 文化小学　文化书店　文化广场　文化大街　文化商店

例（53）都是毛泽东时代出现的固有名词，其中的"文化"没有逻辑意义。

附加语义的增强现象还可从"文化"修饰人的例子进一步得到理解。

（54） 文化名人　文化活动家　文化学者　文化先贤　文化顾问
　　　　文化明星　文化精英　文化佳人　文化贩子　文化杀手

"文化学者"的"文化"具有逻辑意义，可以从概念上加以解释。但"文化明星""文化佳人"的"文化"所指的内容就不那么明了。因为"明星"和"佳人"不是用"文化"来分类的。在这里，"文化"的附加语义得到了发挥，唤起了"文化"的一种意念或曰联想意义。日语中也有"文化住宅""文化鍋""文化包丁"之类的说法，其中的"文化"也是融会了近代化、欧化、便利等附加语义，与汉语的"文化佳人"同出一辙，其"文化"只能解释为"文化式的"。包含着智慧、教养意义的古语的"文化"一时沦为附加语义，但在这里又得到了发挥和增强。

梁启超也曾将人类称为"文化的动物"，可以说上边的例子是其复活和扩大。这一点在与人类的性质和活动有关的词语结合的例子中看得就更加清楚。

(55) 文化地位　文化人格　文化远见　文化品位　文化尊严　文化精神　文化灵魂　文化良知　文化思考　文化感慨

与"电视文化"等不同的是，人类的抽象性质和精神活动等是不能用人类学的文化概念加以范畴化的[19]。"文化灵魂"中的"文化"当然不是"灵魂"的成员。"文化灵魂"可以解释为"具有文化精神的灵魂"，"文化"是用来描写其中心词所指示的事物的性质，即"文化"具有一定的谓语功能。这一点从由愈加抽象的名词以及名词的比喻用法构成的词语例子看得就更加清楚。

(56) a. 文化生态　文化形态　文化结构　文化层次　文化内涵文化领域　文化现象

b. 文化环境　文化空气　文化含量　文化沙漠　文化的旗帜文化的桥梁　文化的声音　文化的门外

例 (56) a 是与文化人类学有关的用语，虽然是一种固定的概念，但也反映了伴随"文化"概念的引入和扩大在语言运用上所出现的变动这一事实。例 (56) b 都是作为物理存在的名词，都象征性地表示了"文化"概念的内涵，"文化"的语义随之更加意念化、象征化，其附加语义也变得更丰富。

同样是名词词语的前项，我们还会观察到"文化"实际上是用作修饰谓语或者补足成分的例子。

(57) a. 文化熏陶　文化专制　文化霸权

b. 文化研究　文化交流　文化普及　文化传播　文化剖析文化消费

例 (57) a 的"文化"可以解释为"文化式的"或者"文化方面"，例 (57) b 是一种动宾结构的倒置或主谓结构，表现出"文化"的逻辑语义，比上边附加语义的例子更容易得出概念的解释。这反而说明，修饰名词的"文化"更容易产生附加语义。

重申一下我们的结论。作修饰语使用的"文化"的重要特征就在于

它具有类似表示事物属性的属性形容词的功能。虽然我们不能认为"文化"就是梁启超作品中"文明"那样的形容词，但从其修饰语的特点看，可以认为"文化"属于与区别词和非谓形容词并列的属性词或者是类形容词。"很"等程度副词是检验形容词与否的句法手段。如例（58）所示，"很文化"在不久的将来也许会固定下来。

（58）　这种'很文化'的 POP 商品诞生的同时，相应就产生了一种'文化时间'（《文汇报》1992，5，10[20]）

5．结语

"文化"是二十世纪形成发展的新词。文化的概念化和词化在日本始于二十世纪初。而在中国，引入德语和英语的文化概念始于梁启超借用日语，在解决文化问题的新文化运动这一社会背景下，"文化"在不断变动中逐步固定下来。在毛泽东的作品中，"文化"与革命和政治思想紧密相连，在成为意识形态和思想方面的概念的同时，又受到中国传统的文武对立思想的影响，"文化"的"文"语义得以加强，产生了特指知识和文艺（活动）这一语义特殊化、缩小化现象。实行改革开放政策以来，文化研究再度兴起，在文化论热潮中，文化人类学的文化概念广泛普及，出现了更加广泛、更加概括的"文化"使用。与缩小化、特殊化了的"文化"并行，出现了"文化"扩大化、一般化的语义变化现象。在"文化"语义扩大的同时，突出其附加语义的用法也频频出现。其修饰功能不断扩大，以至于带有一定的形容词化倾向。

语义当然不等同于概念。但抽象名词"文化"的词化过程告诉我们，概念化是引发语词的形成和变化即词化的动因，概念也就是逻辑语义。因此我们会同意下边明确指出语义与概念的关系这个结论的。

（59）　…the word *horse* has a direct link only with the concept HORSE．（Cruse, D. A.）

当然，语义是超越概念并具备附加语义或感情语义的语言存在，作为语言要素的词汇无疑也会与概念相背离，表现出语言独特的使用方式。只要我们注意到"文化人格"和"文化佳人"一类的例子，我们也自然会同意概念的把握并不保证语义的把握这一观点的。

（60） You may possess the concept of an uncle yet not know the meaning of the English word *uncle*.[21]

注

1） 调查梁启超的例子我们参考了李华兴·吴嘉勋编（1984）、北京大学出版社北大未名科技文化发展公司《梁启超著述及研究文献全文光盘》（1998）以及北京出版社《梁启超全集》（1999）等。

2） 见钟叔河（1985）437 页。我们没有调查同时期其他学者、文人的"文化"使用，一是因为篇幅有限，一是因为我们认为梁启超的"文化"最具有代表性。

3） 见李国俊编《梁启超著述系年》（复旦大学出版社，1986）7 页。

4） 文化的定义仅英语文献就有数百个。这里引用一般所接受的百科全书的定义，作为我们分析的依据。

5） 见钟叔河（1985）463 页。

6） 据李华兴·吴嘉勋编（1984）记载，当时《时事新报》上"就算很浅薄的文明"写作"就算很浅薄的文化"，二者混用可见一斑。

7） 泰勒在《原始文化（Primitive Culture）》一书中下定义时就是"culture or civilization is ……"这样将二者并用的。

8） 李华兴、吴嘉勋编（1984）指出，《〈改造〉发刊词》不同资料有相当大的出入。（17）就是一例，但"文化"的理解没有变。

9） 日本学者大原信一在『近代中国のことばと文学』（東方書店，1994）一书中明确指出梁启超《自由书》中的"文明"为"日语来源"。王力（1980）以及刘正埮等（1984）等也将"文化"作为日语的借词收进。铃木（1981）也持同样观点。

10） 柳父认为日本战后出现的"文化国家"一词是对"军国主义"的反省和否定，从其中的"文化"尚可以窥视出中国古典文武对立的文化意识。

11） 王力（1980，529 页）、日本諸橋轍次的『大漢和辞典』（大修館書店）以及铃木（1981，40 页）都列举了这三个例子。

12） 见《中国现代散文选 1（1918-1949）》（人民文学出版社，1982-1983）

13） 《毛泽东选集》四卷本参照人民出版社 1968 年版本，括弧内数字为页数。第五卷参照 1977 年版本。在收集例句时，我们参考了日本"毛泽东著作语言研究会"编《毛泽东选集语汇事项总索引》（1972）

14） 日本学者竹内芳郎在《文化と革命》（盛田書店，1968）一书中谈及到中国革命时指出：政治革命必须是文化革命。政治与文化、文化与生产浑然一体，不可分离。"对理解"文化"的政治属性很有启发。

15） 王力（1980）以毛泽东作品为例阐述现代汉语词汇的丰富和严密时指出："毛主席的伟大著作是现代汉语的丰富性和严密性的具体表现"。其影响力可见一斑。

16） 见《读书》1982 年 3 月号。彭睿在《名词和名词的再分类》（胡明扬主编《词类问题考察》收录）一文中将抽象名词分为八类，即意念类、形态类、知识领域类、度量类、疾病类、策略法则类、权益类、余类，"文化"被理解为狭义的"知识"，划进了"知识

领域类"。当然在汉语中"文化"并没有简单地作为"知识"来理解。许威汉在谈及到"文化"的语义解释时就指出其认识的多样性，"有人认为文化就是知识；有人认为除了政治、经济、军事便是文化；有人认为区别于自然的便是文化；有人认为文化是生活方式的总和；有人认为文化等同于意识形态；有人认为文化就是文明，是物质财富和精神财富的总和，即人类创造的总和；有人认为文化范围比文明广泛，文化产生早于文明"（《二十世纪的汉语词汇学》书海出版，2000，506页）。

17) 以下的例子主要引自江堤等选编《寻找文化的尊严 余秋雨 杜维明谈中华文化》（湖南大学出版社，2000）、余秋雨《文化苦旅》（知识出版社，1992）、余秋雨《霜冷长河》（作家出版社，1999）。

18) 这里所说的"附加语义"即"附加义"。有关"附加义"可参见贾彦德（1999，第10章），其中包括形象、情感、风格、理性四个类别。

19) 这一点与"电子街"的构成类似。"电子"也不是"街"这个集合体的成员（见大河内2000）。

20) 引自刁晏斌《新时期大陆汉语的发展与变革》（洪叶文化事业有限公司，1995）。在校正本文时，我们在杂志《随笔》2002年第三期142页上看到了"学者的散文，可以写得很文化"这个例子。可见"文化"的形容词特性渐趋固定。

21) 见 Millar, A. Concepts. In: Asher, R. E. ed. 1993. *The Encyclopedia of Language and Linguistics*.

参考文献

除此参考文献外，本书还引用了其他研究成果，详细请参见各章节。

（中文）

安德文（1994）《逆序类聚古汉语词典》。湖北人民出版社。

陈宝勤（2002）《汉语造词研究》。巴蜀书社。

陈晨等编著（1986）《简明汉语逆序词典》。知识出版社。

董秀芳（2002）《词汇化：汉语双音词的衍生和发展》。四川民族出版社。

符淮清（1996）《汉语词汇学史》。安徽教育出版社。

高名凯·刘正埮（1958）《现代汉语外来词研究》。文字改革出版社。

高文达主编（1992）《近代汉语词典》。知识出版社。

韩陈其（2002）《汉语词汇论稿》。江苏古籍出版社。

将冀骋（1991）《近代汉语词汇研究》。湖南教育出版社。

贾彦德（1999）《汉语语义学》。北京大学出版社。

季羡林等（1998）《中国大百科全书 语言文字》。中国大百科全书出版社。

李华兴·吴嘉勋编（1984）《梁启超选集》。上海人民出版社。

刘正埮等（1984）《汉语外来词典》。上海辞书出版社。

罗竹风主编（1986-1994）《汉语大词典》（12卷）。汉语大词典出版社。

马宏其·常庆丰（1998）《称谓语》。新华出版社。

潘允中（1989）《汉语词汇史概要》。上海古籍出版社。

任学良（1981）《汉语造词法》。中国社会科学出版社。

沈孟璎（1995）〈再谈汉语新的词缀化倾向〉，《词汇学新研究》。语文出版社。

史存直（1989）《汉语词汇史纲要》。华东师范大学出版社。

苏新春等（2002）《汉语词汇计量研究》。厦门大学出版社。

王力（1980）《汉语史稿（下册）》。中华书局。

王力（1981）《古代汉语》。中华书局。

王力（1990）《汉语词汇史》。《王力文集第十一卷》（山东教育出版社）所收。

王立达（1958）〈现代汉语中从日语借来的词汇〉。《中国语文》68期。

武占坤·王勤（1983）《现代汉语词汇概要》。内蒙古人民出版社。

徐时仪（2000）《古白话词汇研究论稿》。上海教育出版社。

许威汉（2000）《二十世纪的汉语词汇学》。书海出版社。

徐中舒主编（1988）《汉语大字典》（8卷）。四川辞书出版社 湖北辞书出版社。

严修（2001）《二十世纪的古汉语研究》。书海出版社。

袁宾等（2001）《二十世纪的近代汉语研究》。书海出版社。

张敏（1998）《认知语言学与汉语名词短语》中国社会科学出版社。

张永言（1988）〈汉语词汇〉。《中国大百科全书 语言文字》（中国大百科全书出版社）所收。

中国社会科学院语言研究所（1996）《现代汉语词典（修订本）》。商务印书馆。

钟叔河（1985）《走向世界：近代中国知识分子考察西方的历史》。中华书局。

竺家宁（1999）《汉语词汇学》。五南图书出版公司（台湾）。

（日文）

生松敬三（1968）「『文化』の概念の哲学史」『岩波講座哲学 13 文化』岩波書店

大河内康憲（1997）「中国語の人称名詞と "们"」『中国語の諸相』白帝社

大河内康憲（2000）「"巧克力一词" の文法構造」『中国語学』（日本中国語学会）247 号

亀井孝ほか編著（1996）『言語学大辞典第 6 巻術語編』三省堂

鈴木修次（1981）『文明のことば』文化評論出版

野内良三（1998）『レトリック事典』国書刊行会

柳父章（1995）『一語の辞典 文化』三省堂

盧濤（2000）『中国語における「空間動詞」の文法化研究-日本語と英語との関連で-』白帝社

（英文）

Asher, R.E. ed. 1994. *The Encyclopedia of language and linguistic.* Pergamon.

Chao, Yuen Ren. 1968. *A Grammar of Spoken.* Chinese.University of California Press.

Cruse, D. A. 2000. *Meaning in Language.* Oxford University Press.

Foley, W.A. 1997. *Anthropological Linguistics.* Blackwell.

Goatly, A.P. 1997. *The Language of Metaphors.* Routledge.

Heine et al. 1991. *Grammaticalization.* University of Chicago Press.

Lakoff, G. and Johnson, M. 1980. *Metaphors We Live by.* University of Chicago Press.（渡辺昇一等訳『レトリックと人生』大修館書店，1986）

LipkaL. 1993. *Lexicalization and Insttitutionalization.* In: Asher, R.E.ed. The Encyclopedia of language and linguistics. Pergamon.

引用语料

本书汉语语料多采自青苹果数据中心策划制作的光盘《中国古典名著百部》、《中国古典名著新百部》、《中国现代文学名著经典（一）》、《中国现代文学名著经典（二）》（北京电子出版物出版中心，1999）、北京卓群数码科技有限公司《中华传世藏书》、《中华历史文库》、北京大学出版社、北大未名科技文化发展公司《梁启超著述及研究文献全文光盘》等。我们对部分印刷本进行了核查。现将核查过的版本列举如下。

姚思廉著《陈书》（《二十五史 3》收）上海古籍出版社，上海书店，1986。

张鷟著《朝野金载》（《太平广记》第 3 卷）中华书局，1986。

王方庆著《魏郑公谏录》中华书局，1985。

董诰编《全唐文》中华书局，1983。

释道原著《景德传灯录》上海书店，1985。

冯梦龙编·许政杨校注《喻世明言》人民文学出版社，1987。

钱南扬校点《汤显祖文集（三）戏曲集》中华书局，1962。

施耐庵·罗贯中著《水浒全传》人民文学出版社，1954。

吴承恩著·陈先行·包于飞校点《西游记》上海古籍出版社，1994。

凌濛初著·章培恒整理·王古鲁注释《拍案惊奇》上海古籍出版社，1982。

抱瓮老人辑《今古奇观》上海古籍出版社，1992。

不提撰人著《施公案》上海古籍出版社，1992。

李百川著《绿野仙踪》中华书局，1991。

俞万春著《荡寇志》人民文学出版社，1981。

曹雪芹·高鹗著·中国艺术研究院红楼梦研究所校注《红楼梦》人民文学出版社，1987。

曾朴撰《孽海花（增订本）》上海古籍出版社，1979。

郑观应著《盛世危言增订新编》台湾学生书局，1965。

郑观应著《盛世危言》（夏东元编《郑观应集（上）》所收）上海人民出版社，1982。

吴趼人著·张友鹤校注《二十年目睹之怪现状》人民文学出版社，1978。

吴敬梓著《儒林外史》上海古籍出版社，1992。

李宝嘉著《官场现形记》北京宝文堂书店，1954。

刘鹗著·陈翔鹤校·戴鸿森注《老残游记》人民文学出版社，1957。

西周生著《醒世姻缘传》上海古籍出版社，1981。

张春帆著《九尾龟》上海古籍出版社，1994。

李涵秋著《战地莺花录·中》华东师范大学出版社，1994。

文康著《儿女英雄传》上海亚东图书馆，1926。

第 1 章 "朋友" の成立

1. はじめに

作家杜宣の散文《富士雪》の中に次のような一節がある。

(1) 每天要接待多少认识的和不认识的朋友，不知道要听见多少热情
而又激动的语言（毎日面識のある友達と面識のない友達と会
い、情熱的で感動的な言葉をどれだけ聞いたのか）

もし、"朋友"の意味合いを"彼此有交情的人（お互いに付き合い
のある人）"と辞書の解釈（商务印书馆《现代汉语词典（修订本）》、
以下《词典》と略す）通りに理解すると、上の"不认识的朋友"は成
り立たないはずである。ところが、(1) のような"朋友"の使用は可
能だけでなく、頻繁に用いられている。"朋友"の意味解釈を再考す
る必要がある。

本章は、"朋友"の意味解釈、語彙化の過程および呼称使用の分析
を通して、以下の三つの結論を導き出す。第一に、"朋友"は「恋愛
の相手」を指す狭い意味を持つ一方、一般的な対人関係の相手を指す
広い意味も持つ。"朋友"の上位概念である"人"と置き換えられる
ことから、その抽象的な意味特徴を理解することができる。中国語の
歴史においても、"朋友"の意味的希薄化の過程が見えてくる。第二
に、"友"は軽声であるにもかかわらず、語幹複合語"朋友"の中心
語素（形態素）となっており、"友"の意味的希薄化は"朋友"の意
味的希薄化と同じ特徴を持っている。形態素化した"友"の語構成上
の生産性（productivity）がその擬似的接尾辞の性格を窺わせる。第
三に、"朋友"は接尾辞の"们"や接頭辞の"小"を付けて呼称とし
て使えるばかりでなく、単独で呼称語として使うこともできる。"友"
の接辞化と同様、"朋友"の呼称語化は、意味的希薄化の継続であり
深化である。

2.“朋友”の意味解釈

　言うまでもなく、語の意味範囲は結合する語句あるいは文脈から解釈される。“朋友”の共起は比較的自由であるが、ある特定の結合と文脈から、その意味特徴を捉えることができる。“朋友”の「恋愛の相手」を指す狭い意味合いは固定した共起関係より付与されるものなのである。

　歴史的に見ると、“朋友”が恋愛の相手を指すのは本来の意味でもなければ、それほど古い用法でもない[1]。英語の影響を受けたとは証明し難いが、“boyfriend”と“girlfriend”と同じく、“朋友”は“男朋友”と“女朋友”という固定した結合により、特別な指示機能が得られ、意味範囲が狭くなったのであろう。日常会話において、“有朋友了吗？”“处朋友了吗？”と言い、このような表現は、“有朋友”と“处朋友”という特定の共起と文脈においてしか“朋友”の狭い意味合いを表すことができない。同じく恋愛の相手を指す“对象”と比較すると、“朋友”のこのような意味合いは比較的限定的であることが分かる。

　人称代名詞と結合すると、“他（的）对象”のように恋愛の相手を指すことができるが、“他（的）朋友”は特定の文脈がない限り、恋人を指すことができず、“他（的）女朋友”というと恋人の意味になる。“找对象”“搞对象”“介绍对象”なども恋人を指しているが、“找朋友”“搞朋友”も成り立たなければ、“介绍朋友”も普通の友人を意味する。“对象”の比較的自由な共起は“朋友”の指示機能が限定的であることを立証している。

　次に固定的結合を通して、“朋友”の広い指示機能を見てみよう。“够朋友”というと“够交情”の意味になる。中国のテレビコマーシャルの“够交情，喝够年头的酒”の“够交情”は“够朋友”に置き換えることができる。“朋友”は本章の始めに引用した“彼此有交情的人”のような一般的な解釈になる。しかし、よくいう“老朋友”“新朋友”“好朋友”は固定的共起であり、構造的に句（もしくは連語）に

なるが、新しい独立概念になりつつある。新たな語彙化（熟語化）の過程に置かれている中で、“朋友”は抽象化し始めた。外交辞令的な“我们这次访问，见到了老朋友，结识了新朋友”の中の“老朋友”は交流のある人だが、“新朋友”はただ相手に対する一種の敬称であり、“朋友”は知り合ったばかりの“人”を指しており、“朋友”の意味が希薄化している。

　“交朋友”という固定的共起からも“朋友”の意的抽象化が見出せる。“交朋友”は“交人”に置き換えることができ、ニュアンスが違うが、意味的につながっている。“交朋友”は友人関係もしくは交流関係の確立だが、直接的な利益関係が含まれない。最近の中国のテレビコマーシャルの“喝杯青酒，交个朋友”がその例である。しかし、“交人”は実際の問題を解決するために助け合うこともしくは広い人間関係を築き上げることであり、利益が関わってくる。だが、これは絶対的なものではない。上で述べた“够朋友”の否定形は“不够朋友”であり、“不够朋友”は“不够交情”“不够意思”ともいえる。壊れてしまった利益関係への否定評価が含まれている。このように、“交朋友”と“交人”はある状況では同義的であり、“朋友”はすなわち“人”である。中国のテレビニュースにおける顧客に対する取材では、記者が顧客に何のためのプレゼントかと質問した際、顧客は“送人，送朋友”と答え、“人”と“朋友”が特定の場面では置き換えられるということが分かる。“有个朋友（叫张三）”は不特定の“有个人（叫张三）”と言い換えられ、“朋友”の意味拡大が立証される。

　“朋友”の抽象的な指示機能はある特定の文脈からも理解できる。“朋友”と“敌人”からなる対義語の例を少し見てみよう。

　（2）谁是我们的敌人？谁是我们的朋友？这个问题是革命的首要问题。（毛泽东《中国社会各阶级的分析》）

　（3）朋友来了有好酒，若是那豺狼来了，迎接它的有猎枪（歌曲《我的祖国》）

　（2）で“朋友”は共に戦うもしくは同じ立場にいる“同志”として解釈でき、一般的な呼称語で、その“朋友”関係の基盤は“共通性”

にあり、"交情" の関係にとどまらない。(3) の "豺狼" は "敵人" の擬人法だが、"朋友" の解釈は (2) と同じである。

(1) の如く、面識がなくても "朋友" の関係が成り立つが、下の歌詞の例も "交情" が "朋友" の意味の前提条件でもなければ、面識の有無も "朋友" の意味の絶対条件ではないことを示している。

(4) 你未见过我，我未见过你，年轻的朋友一见面哪，情投又意合
　　　（歌曲《溜溜的她》）

(4) の "年轻的朋友" は "年轻人" の意味であり、"朋友" を "人" の代わりに使う典型的な用法である。上の "交朋友" と "交人" が類似しているのと同じである。"年轻的朋友" を "年轻人" の代わりに用いるのは、上述した "新朋友" と同様に、話し手の聞き手もしくは関係者に対する親しみや友好的な態度の表出である。(4) の "朋友" は "人" の敬称化、尊称化の用法であるといえよう。

"朋友" は人間以外の存在を指すこともできる。

(5) a. 人和鸟是朋友，懂吗？（高行健《野人》）
　　　b. 人和树也是朋友，有森林的地方人才能生活得安逸（同上）

(5) は比喩表現であり、人間と自然が生活空間を共有しているという依存関係を表している。このような関係を "朋友" をもって表現できるのは、"朋友" が "共通性" や "共有" を基本とするものだからといえよう。

要するに、現代中国語では "朋友" は、恋人を指すという特別な指示機能を働くものとして使われ、特殊化、縮小化という意味変化が起こる一方、ある文脈では、その上位概念である総称的な "人" と置き換えられ、対人関係の一般的な対象を指し示すという意味の一般化、希薄化が生じている。"朋友" のこの意味的希薄化は漸進的なものであり、中国語の歴史の中でその変容の形跡を辿ることができる。

3. "朋友" の成立

"朋友" は "朋" と "友" からなる並列複合語であり、長い語彙化の過程を経て成立し、次第に意味が変わっていったのである。"朋友"

の並列使用は早くも先秦時代の文献に多く見られ、筆者が統計したところ、《诗经》に6回、《论语》に8回出現している。《汉语大词典》（以下《大词典》と略す）（第6巻1181頁）に以下の例が挙げられている。

(6) a. 君子以朋友讲习（《易·兑》）

b. 无言不仇，无德不报。惠于朋友，庶民小子（《诗·大雅》）

c. 春卿事季孟，外有君臣之义，内有朋友之道（《后汉书·马援传》）

d. 名声荷朋友，援引乏姻娅（唐韩愈《县斋有怀》）

e. 朋友凋零江海空，弟兄离隔关山迥（明高启《次韵周谊秀才对月见寄》）

f. 这都是她到上海后收到的各方面朋友的信（茅盾《县》）

(6) から "朋友" が並列用法から固定化した語幹複合語になったのは漸進的変化のプロセスを経たことが分かる。並列用法だからといって、純粋な複合語というわけではない。(6)c は "朋友" と "君臣"、(6)d は "朋友" と "姻娅"、(6)e は "朋友" と "弟兄" がそれぞれ対になっており、"朋友" は二つの概念で二つの語であることが分かる（後述）。古代中国語では並列用法の "朋友" が他の語句と対になる用例は幾らでもある。

(7) a. 朋友切切偲偲，兄弟怡怡（《论语·子路》）

b. 父子有亲，君臣有义，夫妇有别，长幼有序，朋友有信（《孟子·藤文公上》）

c. 昆弟世疏，朋友世亲（汉王符《潜夫论·交际》）

d. 父子，兄弟，朋友皆是分义相亲（《朱子语类·卷21》）

もちろん、並列用法の "朋友" が一つの複合語として捉えられないことはない。現代中国語の "兄弟" は "兄与弟" と "弟弟" を表すのと同様に、"朋友" を一つの複合語として解釈する例も少なくない。

(8) a. 老者安之，朋友信之，少者怀之（《论语·公冶长》）

b. 朋友，以义合者（宋朱熹《四书集注·论语》）

c. 朋友合以义，当展切偲之诚（清程允升《幼学琼林·朋友宾

（7）と比較すると、（8）では“朋友”はどれも独立とした語として解釈でき、独立概念を表す複合語としてほぼ確立している。

古典作品の“朋”と“友”の並列使用が句か複合語かは、本章で議論する内容ではないが、一つ興味深いのは、単独で用いる“朋”と“友”は修飾語を持つが、先秦の作品の中には“朋友”を形容詞で修飾する例が比較的少ないことである。これは、語彙化の過程において、“朋友”は本来の意味すなわち“情投意合的同志”という意味を表し、修飾成分を用いて限定する必要がないことを意味する。“朋友”は多くの場合、名詞句に属するが、二つの異なる概念であった。古典作品の中に“友朋”という逆順の例も見られ、例えば、明の李贄《焚书・朋友论》にある、“今天下之所称友朋者，皆其生而犹死者也”から、“朋友”がまだ複合語化の過程にあることが分かる。

しかし、複合語化及び意味変化（希薄化も含む）により、“友朋”が消えるだけでなく、“朋友”の被修飾用法はますます多くなってくる。上で検討した“老朋友”など固定した共起は明清時代の文学作品に多く見られ、“朋友”の意味的希薄化が始まっている。例えば、明の《喻世明言》第四巻の“心腹朋友”、《牡丹亭》第五十五巻の“旧朋友”、《水浒传》第八十一回の“同窗朋友”、《西游记》第九回と《拍案惊奇》巻十六の“好朋友”、清の《红楼梦》第九回の“新朋友”、第一百十五回の“知心朋友”、《孽海花》第二十二回の“真朋友”、清末の《二十年目睹之怪现状》第二十四回の“穷朋友”、第六十六回の“老朋友”、第一百五回の“阔朋友”、《官场现形记》第六回の“要好的朋友”、第八回の“酒肉朋友”、第九回の“知已朋友”、第四十回の“对劲的朋友”等々の例がある。

上で検討した現代中国語における“朋友”の意味が希薄化するのと同様、白話小説にも“朋友”を“人”の代わりに用いる例が多く観察される。

（9）宝玉先便回明贾母秦钟要上家塾之事，自己也有了个伴读的朋友
（曹雪芹・高鹗《红楼梦・第八回》）

（10）a. 有一个年轻朋友看了，当以为真，一定要我教他（吴趼人《二十年目睹之怪现状・第三十一回》）

b. 这船上的两个收筹朋友，船到了之后，别人都上岸去了，只有他两个要管着起货（同上・第五十一回）

（11）二老爷，帐房既然不来，我不如拿这桌菜请请底下的朋友，大家看起来，一样是州里人（李宝嘉《官场现形记・第四十五回》）

（12）其实讲兴地、讲阵图、讲制造、讲武功的，各样朋友都有（刘鄂《老残游记・第七回》）

（9）-（12）の "朋友" の意味的希薄化は一様ではないが、（10）a の "年轻朋友" は（4）の歌詞にある "年轻朋友" と全く同じであり、"朋友" の意味的希薄化は継続してきている。

現代中国語の "友" は軽声であるが、"朋友" の意味の中核をなしており、"朋友" と "友" は意味的につながっており、"朋友" を正確に把握するには、"友" の歴史を掘り下げなければならない。

4. "友" とその接尾辞化

伝統的な訓詁学における "朋" と "友" の解釈は明白である。唐の孔穎達は "朋是同门之称，友为同志之名" と解釈している[2]。つまり、"同门" は師が同じであるという具体的な空間を条件としており、"同志" はいわゆる志と信念を同じくするという抽象的な精神的存在を条件としている。言い換えると、"朋" は具体的で、"友" は複雑で抽象的である。漢字の構造を見ると、"朋" は象形文字であり、"友" は形声文字である。これもまた、両者の具体性と抽象性の対立を示すものである。

有名な《论语》の "有朋自远方来不亦乐乎" の "朋" は一般的に "同门" と解釈され、具体的である[3]。しかし、下の "友" の例は抽象的である。

（13）a. 不知其子，视其友；不知其君，视其左右（《荀子・性恶》）

b. 友者，所以相有也；道不同，何以相有也（《荀子・大略》）

（13）bの"相有"と"道同"が"友"の抽象性を明白に示している。"友"の複雑で抽象的な意味は、"朋友观"を反映した多くの名句名言を通して理解することもできる。

（14）a. 结交莫羞贫，羞贫友不成（汉无名氏《古诗》）

      b. 交友投分，切磨箴规（南朝梁周兴嗣《千字文》）

      c. 以文常会友，唯德自成邻（唐祖咏《清明宴司勋刘郎中别业》）

      d. 少年乐新知，衰暮思故友（唐韩愈《除官赴阙至江州寄鄂岳李大夫》）

      e. 友如作画须求淡，山似论文不喜平（清翁照《与友人寻山》）

単純で具体的な意味を持つ"朋"と複雑で抽象的な意味を持つ"友"の意味的対立が存在するからこそ、後述する"朋"と異なる"友"の語構成力と接尾辞化の動機付け及び、上述した"朋友"の意味とその希薄化を特徴づけるのである。

当然のことながら、意味の類似と文章のレトリックにより、"朋"と"友"は置き換えることも可能である。漢・無名氏の《古诗十九首》の"昔我同门友"は"同门"が"友"を修飾し、"朋"の意味解釈となる。下の例（15）aと（15）bは"朋"が抽象的な意味を表し、（15）cは"朋"と"友"は元々の意味解釈からかけ離れている。

（15）a. 同心而共济，终始如一，此君子之朋也（唐欧阳修《朋党论》）

      b. 君子与君子以同道为朋，小人与小人以同利为朋（同上）

      c. 十旬休瑕，胜友如云；千里逢迎，高朋满座（唐王勃《秋日登洪府滕王阁饯别序》）

"友"は基本的に抽象的な用法を保ち、使用範囲を広げていった。一方、"朋"は"友"に取って代わられ、次第に衰退へ向かっていく。《中国古典名著百部》を調査したところ、"朋"は232回現れたのに対し、"友"は"朋"の約4倍で998回も出現した。これは、意味が一般的であればあるほど、使用頻度が高く、意味変化が生じやすく、そして用法的にも範疇的にも変化が起こりやすいことを示している[4]。

"朋"と"友"の形態素化の過程がこの点を裏付けている。

《大词典》（第 6 巻 1181-1184 頁）には、"朋"が構成する正順複合語が 60 個以上あるが、現代中国語ではそのほとんどが使用されていない。"朋"の語構成力は乏しく、構成する複合語は少ない。今日でもまだ使われている複合語は以下の数例しかない。

（16）良朋　宾朋　朋党　亲朋好友　狐朋狗友

"朋"と対照的に、"友"は古代中国語において"汝为朋友而送朕命，是重友而轻君也"（馮夢龍《东周列国志・第一回》）のように、"朋友"と同様に使われ、同じ概念を表すが、現代中国語においても語構成力は非常に高い。《大词典》（第 2 巻 853-855 頁）には、"友"が構成する正順複合語は 40 個ほどだが、その多くは現代中国語においても使用される。

（17）a. 友军　友党　友邦　友人　友情
　　　 b. 友好　友爱　友谊　友善

（17）a は偏正構造で、（17）b は並列構造だが、前項の"友"は形容詞または動詞の性質を持っている。これが"友"の意味的希薄化が範疇転換をもたらしたということを物語っている。後項の"友"が逆順名詞複合語をつくるものもかなり多い。

（18）a. 战友　学友　盟友　病友　难友　工友
　　　 b. 校友　票友　酒友　教友

（18）では、"友"は本来の意味の"同志"に限定されず、「同じことをする者同士」と解釈され、「共通性」が"友"の基本的な意味特徴となっている。"朋友"の中心は"友"であり、意味の重点は"友"にあると捉えてよいだろう。"战朋""学朋"および"票朋"が成立しないのは、"朋"は共通性の意味合いを含まないからである。（18）と同じように、以下の偏正逆順複合語に見られる使用上の豊富さから、"友"の広い意味と抽象的性質がより一層はっきり分かる。"朋友"と同じようなふるまいである。

（19）挚友　执友　（良师）益友　良友　损友　腻友　狎友　密友
　　　 故友　契友　畏友　净友　旧友

複合語の中で"友"は"朋友"の代わりに用いることができる点からも、"友"が"朋友"の中心をなしていることが分かる。

（20）　男友　女友　好友　老友　新友

（21）　卖友　访友　交友　择友

　（20）の"老友"は"老朋友"で、"新友"は"新朋友"のことである。（21）の動賓構造は複合語か連語か判断しにくいが、一つ確かなことは、二音節動詞と共起すると、"友"で代用されるのは"朋友"である。"卖友"はすなわち"出卖朋友"、"访友"は"访问朋友"、"交友"は"交结朋友"または"交朋友"、"择友"は"选择朋友"のことである。このことは、"朋友"は"友"が中心であり、"友"と同じ意味特徴を有することを証明している。

　一般的に、複合語においてプロソディが入る音節が元々の意味を保持すると考える。"动静"の"动"と"教育"の"教"などが例である。しかし、"朋友"の分析から分かるように、軽声化された語素も複合語の中心部分をなし得るものであり、軽声（neutral tone）は必ずしも意味の希薄化を意味するものではない。"朋友"と同様に、一部の親族名詞も軽声化された語素が元々の意味特徴を保っている。弟を意味する"兄弟"や女性の親戚を表す"舅母"などが例である。

　"友"は高い造語力を持っている。（20）の"新友"は成立するのかと疑問符がつくかもしれないが、文学的な表現の中で、例えば"不论新友与故交，明年春来再相邀"（歌曲《难忘今宵》）という歌詞だと自然に成り立つ。このことから、"友"は相対的独立性を備えており、自由に無限の新語を形成することができるということが分かる。また、"友"と"朋友"は意味的につながっており、ある文脈では"友"は"朋友"に取って代わることができる。この点は、現代中国語の中で早くから観察される。

　言語の専門家である林語堂は、*The Importance of Living*（1937）の中で、清の張潮の《幽梦影》から次の文言を引用している。

（22）　上元须酌豪友，端午须酌丽友，七夕须酌韵友，中秋须酌淡友，重九须酌逸友

（23） 对渊博友，如读异书；对风雅友，如读名人诗文；对谨饬友，
如读圣贤经传；对滑稽友，如阅传奇小说

　（22）と（23）の"友"の複合はほとんど複合語ではなく、語彙項
目（lexeme）として辞書に記載されていないが、このような結合が
可能という点から、"友"は意味的に希薄化し、幅広い指示機能と語
構成力をもつことが立証される。上に挙げた"友"は"朋友"に置き
換えることができるだけでなく、"朋友"と同じように、"人"にも置
き換えられる。"渊博友"は"渊博的朋友"または"渊博的人"と言
い換えられるのである[5]。

　（22）と（23）のような近代中国語に見られた"友"の使用は、現
代中国語にも見られ、語構成力はいっそう強まってくる。最近、コン
ピュータ使用の普及につれて、コンピュータ関連の新語が続々と現れ
た。"网友"と"电脑发烧友"がその典型的な例である。（18）と同じ
ように、ここの"友"も「共通性」または「共有性」という特徴を
もっている。"网友"はすなわち"网上朋友"である。"友"は多くの
新しい複合語を構成できる。同じ弁論会に参加する"辩友"、チーム
メンバーの"队友"、一緒に球技をする"球友"、トランプゲームの
"牌友"、将棋仲間の"棋友"、共に武術を稽古する"武友"、ダンスを
する"舞友"などがある。相対的に自由で開放的に語を構成できると
いう点から見ると、"友"は接尾辞になりつつある半自由的語素だと
いえよう[6]。

　沈（1995）は、"多（功能）""高（速度）""软（包装）""大（文
化）"といった接頭辞の特徴と"（足球）热""（万元）户""（紧迫）
感""（追星）族""（法）盲""（影）坛"といった接尾辞の特徴を分析
した結果、現代中国語における一部の語素は、相対的に独立した、新
しい接辞になりつつあることを主張している。中には接辞か否かの検
討余地があるものもあるが、新しい接辞化が生じるという見解には納
得できる。一般的な文法参考書に載せられる接辞の他に、一部の語素
は辞化（affixation）に向かう過程にあり、一種の準接辞になってい
るのである。ここで議論している"友"は正にその典型であり[7]、以

上で述べた、"友"の生産性、すなわち比較的自由に語を構成する機能を持っていることと、意味的希薄化がこの点を十分に立証している。

5. "朋友"の呼称語化

意味の希薄化は最終的に"友"の接尾辞化をもたらした一方、"朋友"の意味の希薄化により、上述した一般的な指示機能に加え、呼称語化の現象が観察される。"朋友"の呼称使用を考察する前に、動詞として使われる例を見てみよう。

現代中国語の品詞活用はよく見られる統語現象である。例えば、"真农民！"（中国のテレビドラマ《编辑部的故事》）の"农民"は、名詞を形容詞のように用いた例である。名詞の"朋友"は動詞としても使用できる。

（24）a. 一味不分青红皂白地朋友来朋友去（余秋雨《霜冷长河》）

　　　 b. 使他们不后悔与自己朋友一场（同上）

本章ではどのような名詞と動詞が活用できるかという大きな問題には触れないが、人間関係を示す語が活用できることがよくあるのは確かである。例えば、"夫妇来夫妇去""师徒一场"などである。当然、それらは"…来…去"、"…一场"といった特定の文型において用いられる。

既に見たように、複合語化の過程で、語素の"朋"と"友"はどちらも範疇の変化を起こし、形容詞または動詞の性質を帯びる（例えば例（16）の"朋党"と（17）の"友"）。以下は、古代中国語で動詞として用いられた典型的な例である。

（25）　朋而不心，面朋也；友而不心，面友也（汉扬雄《法言・学行》）

（24）の"朋友"の使い方は、（25）の"朋"と"友"の現代中国語における活用を再現したものといえよう。

"朋友"の動詞活用と並行する興味深い現象は、使用の多様化と意味の抽象化に伴い、主語や目的語などを作るような一般名詞の基本機

能にとどまらず、一定の文脈では呼称として使用され、呼称語化という機能上の変化が起こることである。構文の観点から見て、中国語では呼称は統語機能の問題にはならないが、"朋友"の呼称語化は深く議論すべき問題である。なぜなら、それが"朋友"の意味的希薄化の裏付けになるからである[8]。

　言語の一般的な現象として、呼称（vocative）に用いうるとされているのは、1）姓およびその複合形式、2）代名詞、3）親族名詞、4）役職といった四つの形式である（亀井ほか 1996：p.329 を参照）。しかし中国語の一部の人称名詞は、呼称として使用できる。"同志"と"先生"の二つの典型的な呼称と同様に、"朋友"も呼称として使用できる。それは接尾辞"们"をつけて複数呼称にする、接頭辞"小"をつける、単独で使用して単数呼称にするという三つの状況がある。

　まずは接尾辞の"们"をつけた"朋友们"である。"们"の重要な機能の一つは、人称名詞の後について複数呼称として使用することである。例えば、"兄弟们""姐妹们""战友们""同学们""同胞们"などである。呼称で使用される際、"们"の前の人称名詞の一部は意味が変わる。"兄弟们"と"姐妹们"の"兄弟"と"姐妹"は親族呼称の「外化」（社会化）の典型的な例である。"朋友"も例外ではない。"朋友们"とは"志を同じくする仲間"でも"友情を交わす人"でもなく、話し手と同じ作業をする集団または一定の空間と時間を共有する社会関係の集団のことである。会議の主催者が参加者に使う"朋友们"はこの類であり、アナウンサーがリスナーに使う"听众朋友们"や番組司会者が視聴者にいう"观众朋友们"も同じである。ここに現れる「同一性」あるいは「共通性」は、上で述べた希薄化した"朋友"の意味特徴に合致している。

　次は接頭辞"小"をつけた"小朋友"である。周知のとおり、接頭辞"小"は姓の前について呼称をなすと共に、一部の人称名詞の前について呼称をなすこともできる。例えば、"小姑娘""小小子""小师傅""小同志""小同学"などである。"小朋友"は年長者が"儿童"という特殊な対象に対する呼称であり、話し手の親しみやかわいがる気

持ちを含んでおり、ニックネームのようなものである。"小师傅"や"小同志"も、"朋友"と同じく"小"を用いて呼称になる。つまり、"朋友"は"师傅""同志"と同等の呼称機能を持っており、"朋友"も"同志""师傅"と同様、単独で呼称に使うと推測される。"朋友"が単独で呼称として使用する三つ目の状況を見てみよう。

"朋友"の呼称使用は、まず歌に観察され、"朋友"の間接呼称用法といえる。

(26) 幸福在哪里，朋友啊告诉你，她不在柳荫下，也不在温室里（歌曲《幸福在哪里》）

(27) 干杯，朋友，就让那一切成流水，把那往事，把那往事当作一场宿醉（歌曲《跟往事干杯》）

(26) と (27) のような例の他に、著者が読者を"朋友"と呼ぶのも同じ間接呼称である。さらに、口語では"朋友"を用いて直接相手を呼ぶ場合もある。

(28) a. 朋友，你坚持要送礼吗？朋友，你是铁哥们儿（《考验》）

　　　 b. 一位男子匆匆进来对店员说："朋友，暂时把橱窗里那件名贵大衣收起来好吗？"（《以免破财》）

一般的に、"朋友"は姓の後につけて呼称として使うこともなければ、単独で呼称として使うこともないとされている[9]。しかし、明清の作品には以下のような例がある。

(29) （叫三声介）俗家去了，待俺叫柳兄问他。（叫介）柳朋友，（又叫介）柳先生！（汤显祖《牡丹亭・第三十七回》）

(30) "周朋友，你走不得"（文康《儿女英雄传・第十六回》）

(31) a. "朋友，你错怪了我了"（文康《儿女英雄传・第十五回》）

　　　 b. "朋友，纹银一万两在此"（同上）

(29) の"柳兄"と"柳朋友""柳先生"は同じ人物を指しており、明清の時代には"朋友"は"兄"と"先生"と同等の呼称機能があったといえる。(29) と (30) のような用法は現代中国語ではすでに消失しているが、(28) が示すように、(31) のような"朋友"の用法が現代中国語においては蘇っており、次第に一般化に向かってい

る[10]。

6. おわりに

　文化人類学において、"朋友" の概念はいつも「交換」と結ばれ、贈り物の交換は、友人関係を構築する一方、友人関係の象徴でもあるという[11]。中国の伝統文化における "友人観"（(13) を参照）は、このような交換関係をはるかに超越している[12]。それだけでなく、以上の分析では、言語形式としての "朋友" は、内包的にもそして使用的にも構成的にも長期にわたる変化の過程を経ており、豊富な意味内容を含蓄し、使い方も多様的である。4 節で取り上げた "友" の接尾辞化と 5 節で取り上げた呼称の使用は、"朋友" の特徴を際立たせる。

　当然のことながら、"朋友" は中国語特有の言語現象ではなく、他言語において、"朋友" の対応語にも類似する特徴を持つものが観察される。"朋友" と "敵人" が反義関係にあるのと同様に、英語の "friend" と "enemy" も反義関係を構成する。筆者が分析した "朋友" と "友" の「共通性」または「共有性」は、日本語の対応語の「友達」と「友」の基本的特徴でもある。名詞「友（とも）」と副詞「共（とも）」は、同じ語源から派生された語[13]という点及び「ボールはともだち」（日本のアニメのセリフ）のような人間関係をはみ出している用法がこれを物語っている。日本語には "友" のような擬似的接尾辞はないが、「友達」は「飲み友達」「メール友達（メル友）」などの複合語を構成することができるという点では、言語の共通性を示している。

　しかし、上で述べたように、"朋友" は複数の形で呼称に用いられるという点は、英語と日本語と比較してみると、やはり中国語の特徴だと言える。日本語と英語には "小朋友" のような "朋友" を愛称に用いる現象もなければ、"friend" と「友達」も単独で呼称語として使用していない[14]。なぜ "朋友" は呼称としてこのように幅広く使用できるのだろうか。筆者が分析した意味変化という言語内の動機付

けの他に、行動様式や価値観など、言語外の社会的要因があるのだろうか。英語や日本語との比較研究を含め、こういった社会言語学的な分析が待たれる。

注
1)　清末の小説《官場現形記》の第三十八回で "他们这般女朋友竟比男朋友来得还热闹" という例が見つかる。ここの "女朋友" "男朋友" は明らかに恋愛の相手を指すものではない。
2)　清阮元校勘《十三経注疏二 毛诗正义》（877 頁）を参照されたい。
3)　"有朋" を "友朋" としたものもある。程樹德撰《论语集释（一）》（中華書局 1990：5 頁）を参照されたい。
4)　少なくとも中国語ではこういうことができる。一部の言語における身体名詞の文法化に対し、中国語の抽象的な "在" "给" などの動詞の文法化が際立っている。拙著（2000）を参照されたい。
5)　阪本勝訳日本語版の『人生をいかに生きるか（下）』（講談社学術文庫、1979、192頁）で、"友" は "友（とも）" と訳され、語素としての相対的自由な特徴が示される。孙硕夫の注釈した《幽梦影》（吉林文史出版社、1999）で、"渊博友" "风雅友" "谨饬友" "滑稽友" をそれぞれ "学识渊博的人" "志趣高雅的人" "生活严谨的人" "幽默风趣的人" と訳し、意味が希薄化した "友" は、"人" に置き換えられる。
6)　吕叔湘主编の《现代汉语八百词》（商務印書館、192 頁）によると、使用の自由度によって、半自由語素は四種類に分けられた語素の一つで、接頭辞の "第" や助詞の "着" などが例になる。その他の三種類は、a）自由な "书" や "我" など；b）不自由な "幸" や "浴" など；c）一般的に不自由な "本报记者摄" の "摄" などである。
7)　周知のとおり、"阿" などの接頭辞と "子" などの接尾辞は、典型的な接辞である。"友" は "子" "儿" "头" などの接尾辞のような軽声化や意味的希薄化が未完であって、接尾辞に準ずるものとして接辞化の中にあるといえよう。《中国大百科全书 語言文字》（1987，178 頁）では、"（教）员" "（作）家" "（博）士" "（能）手" などを接尾辞の例に挙げるが、"友" はそれに似ている。Chao は中国語の接尾辞の連続性について、"As with prefixes, there are many intermediate types of morpheme in words which are not completely empty, but are often called suffixes'"（p.220）と述べている。"友" は正に "intermediate type" に属する。
8)　"Veni amice"（「来い、わが友」）というように、ラテン語には呼称格（Vocative）という範疇があり、中国語の呼称も文法範疇の問題として捉えられる。
9)　1984 年から 1985 年までの北京口語材料を記録した中島幹起『コンピューターによる北京口語語彙の研究』（内山書店、1995）には、"朋友" の呼称用法はない。八十年代初頭の脚本を 10 本収めた中国戏剧出版社の《有争议的话剧剧本选集（一）・（二）》（1986）の中にも "朋友" が単独で呼称として使用する例は見つからない。大河内（1997）は中国語の人称名詞と "们" の関係に触れて、"同学们！乡亲们！邻居

们！来宾们！"を例に、"们"は人称名詞を呼称化する働きがあるが、"们"を付けない"朋友"や"同学"は呼称語として使えず、その代わりに人名や肩書を使うと指摘している。筆者の内省と観察（例えば（28））によると、少なくともいま現在の中国語では、それが変わっている。

10) 馬宏基・常慶豊（1998：32頁）は、"朋友"に触れて、"これは近年若者の間で流行してる呼称で、仲間意識が高いもので、年配者はめったに使わない"と指摘する。文化大革命の間の"（革命的）观众同志们"は今日の"观众朋友们"に変わったという事実から見ると、"朋友"の呼称は時代ごとに変化すると言える。"朋友"の呼称使用の社会的動因については更なる検証が必要である。

11) 中川敏『交換の民族誌』（世界思想社、1992）を参照。

12) ある中国人社会学者が、友人関係について、（1）知己または知音の"高山流水"型、（2）偶然に知り合った"一面之交"型、（3）物質的関係を基礎におく"酒肉朋友"型、（4）師を尊び生徒を愛する"师生情"型、（5）志と信念を同じくする"君子之交"型、（6）苦楽を共にする"患难之交"型という六つに分類しており（孙昌龄主編《关系》農村読物出版社 1992：122-132頁を参照）、友人関係はより複雑なものである。

13) 小学館『日本国語大辞典』（1975）第15巻21頁を参照。

14) "friend"は呼称として用いることができるというのが英語の特徴だとされるが（マクミランランゲージハウス『日・中・英言語文化事典』、2000）、"friend"は"my friend"と"friends"のような形でしか使えない。

第 2 章 "合同" の形成

1. はじめに

《大词典》は "合同" について五つの意味項目を立てて解釈している。

(1) 各方执以为凭的契约、文书（契約書、文書）：今立合同文书二纸，各执一纸为照（元无名氏《合同文字》楔子）；定了合同，没法再解约（老舍《二马》第五段）

(2) 和合齐同、齐心协力（互いに協力する）：王者博爱远施，内外合同（汉桓宽《盐铁论・险固》）

(3) 结合、缔结（結合、締結）：这段良缘要合同（《再生缘》第 45 回）

(4) 谓志同道合（志と信念を同じくする）：贤俊慕而自附兮，日浸淫而合同（《楚辞・东方朔》）

(5) 犹会同（合同する）：王夫人便命探春合同李纨裁处（《红楼梦》第 55 回）

意味、文法、発音から見ても、中国語の歴史から見ても、(2) - (5) は同一の用言範疇に属し、(1) は用言兼名詞の範疇に属しており、二つは「同源語」の関係にあるが、前者は源であり、後者は派生的なものであるといえる[1]。本章では "合同" の源流をめぐって "合同" の形成と変遷すなわち語彙化の過程を分析してみる。

本章は "合同" の述語化、名詞化及び "合" と "同" の語構成の分布を分析することによって、三つの結論を出す。第一に、"合同" の並列構造化すなわち述語化は上古中国語、中古中国語と近代中国語においてずっと継続してきた。現代中国語では、"合同" は述語の働きが失われているが、個別の複合形式ないし現代日本語の中にその述語の形跡を見出すことができる。第二に、"合同" の名詞化は宋代に始

まり、それは"合同文字"と"合同文書"といった名詞句を代用した結果であり、それは相関性や「近接性（contiguity）」を特徴とする換喩（metonymy）の過程であるが、隠喩（metaphor）ではない。社会生活の発展、変化に伴い、名詞化した"合同"の外延は絶えず拡大し、言語表現的に多様化の様相を呈していた。第三に、"合"と"同"は多種多様な複合語を構成し、非常に高い語構成力を有するが、それを中心語とした複合名詞はごく僅かであり、前項要素にしも後項要素にしも、その本義は変わっていない。これは"合同"の名詞化は換喩によるものという結論の裏付けになる。

2. "合同"の述語化

　古代中国語の文法特徴及び文章の簡潔さを配慮して、ここで動詞、形容詞及びその副詞化された用法を同一の範疇とみなし、述語と称する。

　多くの二音節語根複合語と同様に、"合同"は"合"と"同"の二つの述語（自由形態素）が組み合わさった並列構造が融合したものであり、その複合語化も必然的に述語化から始まった。筆者が検索したところ、《中国古典名著百部》と《中国古典名著新百部》に現れる"合同"は全部で139箇所あり、《庄子》（紀元前280年）の"合同異，离坚白"のような"合"と"同"が独立して構文成分をなす例を除くと、多くは並列構造の複合語句で、一部は動詞や形容詞すなわち述語として使用している[2]。

　（6）乐合同，礼别异（《荀子・乐论》）

　（7）是父兄、昆弟、婚姻、合同者（《商君书・赏刑》）

　（8）流而不息，合同而化，而乐兴焉（《乐记・十九》）

　（9）以明人事，合同父子（《史记・秦始皇本纪第六》）

　（10）上下合同，可以长久（《史记・李斯列传第二十七》）

　上の"合同"の並列用法はすべて複合語と認められないが、複合語化に向かっていると見て取れる。注意すべきは、例文の中の"合同"の主体と対象は基本的に人間であることである。この人称名詞と結合

して使用するという特徴が、述語から名詞へと変化する"合同"に相関性又は近接性という換喩の条件を与えている。言い換えれば、述語の"合同"が名詞の"合同"を性格づけており、このような相関性がなければ"合同"の名詞化の過程もなかったのであろう（詳細は後述）。

（6）–（10）が示したような述語の用法は後の時代でも受け継がれ、その意味解釈は色々と変わったものの、述語の"合同"が表す人と人との関係性や働きかけという本質的な意味と特徴は変わっていない。名詞化の"合同"が既に比較的成熟していた、近代中国語においても、述語の"合同"の使用は依然として秦漢時代の意味と特徴を保持した。《西游记》（およそ1570年に成立）の例を見てみよう。

（11）尽点女妖，合同一处，纵风云（第35回）

（12）你若有谋，合同用力，捉了唐僧（第48回）

（13）那国王听说，即着光禄寺大排筵宴，群臣合同，拜归于一（第85回）

それ以降の明清小説の中でも"合同"の述語用法はよく見られる。

（14）这幅香罗帕乃初会鸾姐之物，并合同婚书一纸，央你送还（抱瓮老人《今古奇观》第35卷）

（15）合同族中长幼，大家定了则例（《红楼梦》第13回）

（16）昔年合同了朋友学什么武艺（无名氏《说唐全传·说唐后传》第17回）

（17）文武官合同欺隐，要冤枉他定案（李百川《绿野仙踪》第21回）

（18）随后老爷合同姨娘手拉手回房去了（不提撰人《施公案》第187回）

中国語が白話文、近代化へ進む中で、梁启超が歴史的な影響を与えた。しかし、梁の作品においても、"合同"の述語用法はよくみかけられ、"合同"の述語化は確固たるものであることを裏付けている[3]。

（19）俱处於室，合同也（《墨经校译》）

（20）历千年终不能合同而化（《志语言文字》）

（21）　人类全体合同改造之唯一机能（《国际联盟论序》）

（22）　每岁三埠合同大叙集一次（《新大陆游记节录》）

（23）　其资本所以不能合同之故，亦有多端（《为川汉铁路事敬告全蜀父老》）

（24）　各会馆多合同数县者一县之中（《新大陆游记节录》）

（25）　合同人之聪明才力（《论商业会议所之益》）

（26）　体同者，例如孔子墨子同於中国人。合同者，例如合多人谓之军，合多木谓之林（《墨经校译》）

　上の例文の“合同”は様々な意味解釈が可能だが、“合同”が多様な語句と結びついて使用するといった多様化は、“合同”の述語としての統語特徴を十分に立証しており、“合同”の述語使用は一貫している。

　しかし、当代中国語では“合同”が単独で述語として使う例を見ることはない。最も代表的な《词典》にも“合同”の述語としての意味項目の記載はない。述語の意味項目の消失により、述語と名詞の繋がりを意識することさえないほどである。それでも、いくらかの限られたテキストの中に述語“合同”で構成された語句を見つけることができる。

（27）　合同训练　合同命令　合同作战　合同战术　合同战斗　合同战役（最後の三例は《中国大百科全书 军事卷》より）

　周知のとおり、古代中国語は日本語に大きな影響を与え、日本語の多くの漢字語彙には古代中国語の語彙の特性が残され、日本語を通して古代中国語の元の姿を見ることができる[4]。“合同”の述語用法は現代日本語に残ったままである。日本語の「合同する」の動詞的用法や数学の「迭合」という概念及び以下に示す名詞修飾用法は中国語の“合同”の述語用法そのものである。

（28）　合同演習　合同練習　合同庁舎　合同労組　合同公演　合同出資　合同住宅

　上の名詞を修飾する「合同」は現代中国語では、基本的に“联合”あるいは“共同”と訳されるが、“合同”は現代日本語の中に生き

残っている。

　"合同"の述語用法の消失は、"联合"や"共同"が部分的に"合同"に取って代わったように、同義語又は類義語の出現に起因するが、他にも理由があるとすれば、それはこれから考察する"合同"の名詞化が進展して、述語の"合同"の消失を促したということであろう。

3. "合同"の名詞化

　"合同"はどのようにして述語から名詞へと変化したのだろうか。

　《大词典》は、唐の賈公彦が《周礼》にあった"凡有责者，有判书以治则听"に対する次の注疏を引用して"合同"の説明を行っている。

　(29)　云判，半分而合者，即质剂、傅别、分支合同，两家各得其一者也

　(29) の"合同"は名詞的用法ではなく、これを根拠に唐代には既に名詞化された"合同"があったということはできない。原文を調べた結果、文頭に掲げた (1) の"合同文书"の出典である元の雑劇《合同文字》には同時に"合同"の名詞的用法が見つかった。元の雑劇《合同文字》の前身は宋の話本（講談本）《合同文字》であり、後の明時代の小説である《拍案惊奇》（凌濛初，1628 年刊行）の第 33回《包龙图智赚合同文》に書き直された。同一の題材を用いた作品が宋元明の数百年にもわたり、しかも中の名詞"合同"の形成は同じ特徴を保ち続けた。ここでこの三つの作品の"合同"の使用状況を詳しく見ていこう[5]。

　宋话本の《合同文字》には"合同文字"は全部で 5 箇所、"合同"は 3 箇所あった。

　(30)　今日请我友人李社长为明证见立两纸合同文字

　(31)　收拾衣服盘费并合同文字做一担儿挑了来

　(32)　请李社长来家写立合同

　(33)　包相公取两纸合同一看

　宋話本《合同文字》の名詞用法の"合同"が最も早かったものとは

言えなくとも、ここの"合同"と"合同文字"の代替用法からすると、"合同"の名詞化は"合同"が"合同文字"に取って代わったという代替法又は換喩の過程から始まったといえよう。元の雑劇《合同文字》では、このプロセスが際立っている。

元の雑劇《合同文字》に、"合同文書"は 23 箇所、"合同文字"は 5 箇所、"合同文券"は 1 箇所ある。

（34） 我昨日做下两纸合同文书

（35） 合同文书有一样两张，只有一张，怎做的合同文字？

（36） 虽则是一张儿合同文券

よく知られるように、"文書"とは早くから"合同"の概念を内包する各種公文書を指す用法がある。例えば、下記の用法である。

（37） 毋文书，以言语为约束（《史记・匈奴列传》）

（38） 你本利少我四十两银子，兀的是借钱的文书，还了你（《窦娥冤》第一折）

述語の"合同"をもって"文書"及び"文字"や"文券"等を修飾することは、これらの名詞の概念を限定すると共に、新しい名詞や概念を生み出す契機にもなった。"合同"が"文書"といった名詞を修飾できるのは、"合同"に備えられる人と人の相互作用を表示できる意味上の特性が"文書"と合致するからである。"红"が"苹果"を修飾できるのは、リンゴには赤いリンゴというメンバーがあるためであるのと同じである。"合同"が《合同文字》で述語として名詞を修飾する用法は非常に説得力を持っている。

（39） 赚出了合同的一张文契

（40） 我将这合同一纸慌忙付

"合同"と"文契"の間に他の成分を挿入可能であることは、"合同文書"は修飾限定の関係であることを示している。"合同一纸"は"形名"構造としても"名量"構造としても解釈できるが、この類の重複解釈（overlap）は正に"合同"は"合同文字"の代替であることを立証している。"合同"が単独で名詞として使われる例を見てみよう。

（41）　两纸合同各自收，一日分离无限忧

（42）　就当日造下合同，把家私明明填注

　　"做文书"から"造合同"へ、"两纸合同文书"から"两纸合同"へ
と、この動詞結合と数量詞結合が表している"合同"と"文书（文
字）"の統語機能の同一性から、（32）と（33）と同じように、（41）
と（42）の名詞化した"合同"も代替使用すなわち換喩の用法である
と認められる。このような換喩のプロセスはその後しばらくの間続い
ていた。明の小説《拍案惊奇》では、"合同"の使用はなお固定化に
向かう過程にあるが、述語の"合同"が多く名詞を修飾することがこ
れを物語っている。《合同文字》の物語を書き直した第33回《包龙
图智赚合同文》の例を見てみよう。

（43）　我家自来不曾分另，意欲写下两纸合同文书

（44）　今立合同文书二纸，各收一纸为照

（45）　须有合同文字为照

（46）　全凭着合同为证

　　同じ明の作品《西游记》にも"合同"と"合同文书"が共に現れて
いる。

（47）　我与你写个合同文书（第33回）

（48）　你洞里若有纸笔，取出来，与你立个合同（第75回）

　　"合同"は前項が後項の代用であるが[6]、その換喩は要素間にある
意味的相関性を条件としている。以下の例文のごとく、部分をもって
全体を、性質をもって事物を、原料をもって事物を、具体をもって抽
象を表すといった換喩の類型はいずれも意味的関連性を持っている。

（49）　沉舟侧畔千帆过（刘禹锡《酬乐天扬州初逢席上见赠》）

（50）　将军身披坚执锐（《史记·陈涉世家》）

（51）　妾不衣丝（《汉书·公孙弘传》）

（52）　以齿则长，以德则贤（《后汉书·申屠蟠传》）[7]

　　"合同"による"合同文字""合同文书"の代替は人間どうしの相互
作用という性質や特徴をもって事物を表すという類の典型的な例であ
る。

換喩の結果が“合同”の名詞化をもたらしたとの結論は、上述した“合同文书”と“合同文字”の換喩使用によって立証されたが、“合同”の意味的特徴からも説明できる。“姉妹”“兄弟”“睡觉”“窗户”“面目”“国家”“干净”等が並列構造から二音節複合語に固定されたのは、片方が意味的に弱まったり消えたりして、もう片方が意味的な中核をなすという“偏義複合”の現象である[8]。しかし、“合同”はこのようなタイプの複合ではない。“合同”は“合”と軽声化された“同”のいずれが意味的転移による意味変化と統語範疇の転換（conversion）ではない。ここからは、“合同”の名詞化は隠喩（metaphor）ではなく、換喩の結果であることが分かる[9]。次の節で“合”と“同”の語構成の分布から更にこれについて検討する。

　日本語の「合同」の使用も“合同”が換喩の過程であることを裏付ける。上で既に日本語の「合同」を通して、“合同”の述語化過程を証明したが、日本語の「合同行為」や「合意文書」等の“合同”と関連する複合語句の成立からみると、これらも類似する構造をなしており、同じく人間どうしの相互作用を意味特徴としている。ここからも“合同”は“合同文书”から変化してきたものという結論が立証される。

　同じ換喩であっても、“纸笔”は古代中国語では“字据”（契約）として使用されたが（徐 2000, 171 頁）、“纸笔”の語彙化は不完全なものである。“纸笔”は“字据”の道具に過ぎない。道具による換喩は、“合同”と“合同文字”のような、特性や性質を特徴とした換喩ほど確固たるものではない。現代中国語で“字据”の意味での“纸笔”は固定化されていないのも納得がいくだろう。一方、庶民を指す“布衣”、老人を指す“二毛”、戦争を指す“干戈”、文章を指す“笔墨”はいずれも換喩の例であるが、“布衣”と“二毛”は現代中国語では消失しており、“干戈”と“笔墨”も限られた固定した共起すなわち熟語においてしか用いられず、自由に語結合できる“合同”と全く異なっている。

　《合同文字》と《拍案惊奇》及び《西游记》の名詞化された“合同”

が人間同士の契約関係を表す概念は、外延的にいわば指示範囲が限定的であり、意味構造が極めて単純なので、限られたテキストにしか使われなかった。"合同"と"合同文書"の共存や交替がこの点を示す[10]。

　社会生活の変化、特に経済活動の発展に伴い、"合同"の概念が更に固まり、使用上量的にも質的にも飛躍的な発展を遂げた。それ以降の明清の作品において、"合同文書"が消えると共に、名詞化された"合同"の使用例がますます増えて、意味範囲も次第に拡大していき、"合同"の名詞化が固まっていく。

（53）立合同议单张乘运等（《今古奇观》第 9 卷）

（54）有翻悔者，罚契上加一。合同为照（同上）

（55）胡无斁把那八张合同都写得一字不差（西周生《醒世姻缘传》第 22 回）

（56）胡三公子约定三五日再请到家写立合同（吴敬梓《儒林外史》第 15 回）

（57）他两个面都见过，合同也该写一张（李百川《绿野仙踪》第 21 回）

（58）立了合同（《红楼梦》第 24 回）

（59）合同各执，载明期限（郑观应《盛世危言·银行下》）

　十九世紀末から二十世紀初頭にかけて、"合同"の名詞的用法は更に安定し、現代中国語の使用状況と差異がないほどである。《官场现形记》の例をいくつか見てみよう。

（60）同外国人订好合同，签过字，到外洋去办（第 7 回）

（61）一到上海，就与洋行订好合同（第 9 回）

（62）签字之后，先付一半，又拿合同念给他听（第 8 回）

（63）同了外国人打的合同，怎么翻悔得来（第 8 回）

（64）违背合同（第 58 回）

　以上はすべて"合同"が目的語となっている例である。"合同"は"订""打""念""违背"等の動詞と結合することができ、その名詞の成熟度と意味の深化が窺える。"念合同"は"念文书"のことをいい、

"合同"による "文书" の代用すなわち意味的繋がりを保持したままの換喩がここにおいても立証された。

"合同" が主語に使われる例もその名詞的性格を表している。

（65） 帐也开好，合同也弄好，叫他明天来签字（第 8 回）

（66） 况且合同上还有老丈的名字（第 53 回）

"合同" の名詞的特性及びその意味内容を露わにする様相を呈するのは、数量詞との結合が可能な点と名詞を修飾する用法である。

（67） 他一共有两份合同在咱手里（第 10 回）

（68） 始终没见一张合同，一张股票，一个息折（第 51 回）

（69） 暂时只得将合同收条抵押在那个人家（第 9 回）

（70） 先把合同底子送过来（第 58 回）

"合同收条" と "合同底子" は、上で論じた "合同文书" とは構造が異なっている。（69）と（70）の "合同" は名詞であり、従属関係であるのに対し、"合同文书" の "合同" は形容詞であり、修飾関係を表している。

形容詞との結合という修飾用法からも "合同" の意味拡大が窺える。次の例文の "合同" に見る真偽の表現や時間詞の修飾を受ける用法からは、"合同" の意味拡大すなわち名詞化の完成度が高いことが分かる。

（71） 假合同（第 9 回）

（72） 先订一年合同（第 58 回）

名詞としての "合同" の使用が固定化したことは社会生活の産物であり、"Semantic change is a fact of life" という言語学的命題を立証する[11]。語彙は社会生活の変遷に伴い変化するものであり、経済活動と経済関係の多様化に伴って、その活動と関係を標識する "合同" も必然的に概念的に新しい解釈が得られ、用法的にも多様な姿を見せる。

《官场现形记》には、"合同" が述語として使われる例が見当たらないが、経済関係と法律概念としての "合同" の成熟と固定化を示すと共に、"合同" の名詞化が述語の "合同" の消失を促したことを物

語っている。

同じ時期の《二十年目睹之怪現状》にも、名詞としての"合同"の
より成熟した例を見つけられる。(73)のような典型的な名詞的用法
以外に、多くの動詞と結合し、名詞的特徴が際立っている。"订
(定)""定立""注销"等の他動詞の他に、"合同"は自動詞の"满"と
も結びつき、その時間的特性が表れている。

（73）合同上面没有裁定期限（第106回）

（74）那么我和你定一个合同（第63回）

（75）彼此并未订立合同（第82回）

（76）订了合同，还请他吃了一顿馆子（第82回）

（77）注销了合同（第106回）

（78）订定了几年合同，合同满了，就可以回来（第59回）

時間詞の"几年"が"合同"を修飾する（78）以外に、"洋文"と
"正"を用いて"合同"を修飾する例も、その名詞化の深化すなわち
"合同"の指示範囲が拡大されたことを裏付ける。

（79）便订了一张洋文合同（第49回）

（80）我这里正合同都不曾定（第105回）

梁啓超の作品からも、現代的意味の契約概念の"合同"を見つけら
れた[12]。

（81）及其条约合同之既订（《对外与对内》）

（82）三年合同满，即欲辞退之（《将备学堂缘起》）

（83）即有前此经与中国人定合同者，亦作为废纸（《新大陆游记节
录》）

（84）照合同均为借款担保（《政府大政方针宣言书》）

梁啓超以降の現代中国語の作品において、名詞化された"合同"の
意味は更に拡大し、用法も一層多様になった。"合同"はより多くの
語と結合できるだけでなく、更なる複合ができ、多くの名詞を修飾で
きる。

（85）把一份运送十二万担军米的合同手续办好了（林雪・林民涛
《双枪老太婆》）

上で言及した"合同收条""合同底子"と同様に、各種の新語辞典では、"合同定购""合同医院""合同作家""合同制""合同制工人""合同制警察"等（いずれも《大词典》未収録）、"合同"で組み合わさった多くの複合語が見つかる。これらはすべて後接する名詞を限定するものであるが、このような限定語的用法の"合同"と"合同文书"等の形容詞的な"合同"とは根本的に異なっている。

　　概念の外延が拡大するに伴い、"合同"は多くの語の修飾を受け、数多くの下位概念を形成した。

　　(86)　给她捏造了个分家合同（赵树理《三里湾》）

　　(87)　梅厂长总是说啥集体合同的规定呀（周而复《上海的早晨》）

　　上の"分家合同""集体合同"の他に、"押款合同"（茅盾《子夜》）、"租地的合同"（茅盾《霜叶红似二月花》）、"印书的合同"（鲁迅《南腔北调集》）、"劳资合同"（老舍《春华秋实》）及び"出版合同""约稿合同"等もある。二十世紀末になると、《中华人民共和国合同法》（1999）が正式に公布実施されたが、中には"买卖合同""居间合同"など計15もの"合同"が分類され、"合同"に対するより広範な定義づけが行われている。

　　(88)　本法所称合同是平等主体的自然人、法人、其他组织之间设立、变更、终止民事权利义务关系的协议。

《合同文字》の"合同"にしろ、《二十年目睹之怪现状》の"合同"にしろ、そのどちらも（88）のように解釈ができない。これは歴史の必然であり、また"合同"の語彙化過程の必然である。

4.　"合"と"同"の語構成

　　"合同"の語彙化過程の理解を深めるには、"合"と"同"の語構成の状況を調べる必要がある。

　　《说文解字》では、"合"について"合，开口也"と説明しており、象形文字の"合"は動態を表すのがその基本義だと容易に理解できる。これは"合同"の複合語化も必然的に述語から始まったことを物語っている。《大词典》に挙げられる"合"の意味項目が三十以上も

あることが、その意味構造の複雑さを窺わせる。中には多かれ少なかれ意味的につながっている主要な意味項目が幾つもあるが、"合"で組み合わせた複合語でそれらについて解釈しなければならないのが、その関連性を表している。

（89） 合拢：大荒之隅，有山而不合（《山海经・大荒西经》）

（90） 聚合：于是乎合其州乡朋友婚姻，比尔兄弟亲戚（《国语・楚语下》）

（91） 和睦：妻子好合，如鼓琴瑟（《诗经・小雅・常棣》）

（92） 相同：夫大人者，与天地合其德，与日月合其明（《易・乾》）

（93） 符合：合于利而动，不合于利而止（《孙子・九地》）

（94） 合并：合天下，立声乐（《荀子・儒效》）

（95） 结合：天地者，万物之父母也，合则成体，散则成始（《庄子・达生》）

このように意味構造が複雑で多様な"合"だからこそ、語素として極めて強い語構成力を持つはずである。"合"は前項語素として構成する正順二音節複合語だけでも、《大词典》には二百余り挙げられている。現代中国語で未だ述語として使われるものをまず見てみよう。

（96） 合抱　合唱　合击　合计(四声)　合计(轻声)　合欢　合谋
　　　 合拍　合围　合演　合议　合营　合影　合用　合葬　合照
　　　 合资　合奏　合作

（97） 合璧　合度　合法　合格　合股　合脚　合口　合理　合力
　　　 合流　合龙　合拍　合情　合理　合群　合身　合式　合时
　　　 合算　合体　合心　合眼　合资　合辙

（98） 合并　合成　合共　合伙　合拢　合宜

上はそれぞれ副詞が動詞を修飾する連用修飾構造の複合語と動詞と名詞が結合する動賓構造の複合語及び動詞と動詞が結合する並列構造の複合語である。どんな構造の複合語でも、"合"の本来の意味が基本的に変わらず、名詞化された"合同"の状況とは全く異なる。

"合"は"合家""合叶（页）""合金""合约"等数少ない名詞を構成するが、類義語の"合约"も古代中国語の複合動詞から転換してきた

ものであるが、"合同"とは性質が異なる語彙化過程を経ている[13]。"合"は基本的に名詞を構成しないが、"合同"という典型的な名詞を形成している。これは、"合同"が述語から名詞へ転換した過程が換喩の結果であり、相似性（similarity）を特徴とする隠喩の過程ではないことを示している。

前項語素と同様に、後項語素として"合"も様々な複合語を形成する。

(99) 暗合　不合　重合　苟合　偶合　巧合　切合　总合

(100) 符合　复合　回合　会合　集合　聚合　联合　配合　投合
　　　吻合　迎合　综合

(101) 撮合　缝合　化合　汇合　混合　胶合　接合　结合　捏合
　　　融合　糅合　适合　说合　愈合　折合

上はそれぞれ偏正構造と並列構造と動補構造の複合語だが、どんな構造でも、"合"の本来の意味は保持される。前項語素の状況と同じく、後項語素の"合"も名詞を構成することは少ない[14]。名詞を構成したものとしては、戦国時代後期の六国を指す"六合"も典型的な換喩の例である。ここからも"合同"の名詞化は換喩の結果ということが分かる。

後項語素として語を形成する際、"凑合""就合""参合""热合"というように、"合"は軽声化されたが、それでも本来の意味が保たれる。"朋友"の"友"の状況と似通っている[15]。偏義複合語とは異なり、"合"も"同"もそのどちらが虚化したのではなく、これから検討する"合同"の"同"が軽声化するのも意味的希薄化を意味するものではない。"合同"は一つの概念として換喩による転換そのものである。

"合"と同様に、"同"も複雑な意味構造を有する自由語素である。《说文解字》では"同，合会也"と解釈し、《大词典》に挙げられる"同"の意味項目は二十ほどある。以下関連する主な意味項目の例を挙げよう。

(102) 会合 : 嗟我农夫，我嫁既同（《诗・豳风・七月》）

（103）相同：同声相应，同气相求（《易・乾》）

（104）斉一：协时月正日，同律度量衡（《书・舜典》）

（105）共：有女同车，颜如舜华（《诗・郑风・有女同车》）

（106）参与：惟羞刑暴徳之人，同于厥邦（《书・立政》）

"同"の基本的な意味特徴は事物の同質性を表すことである。《大词典》に掲載される"同"で構成する正順二音節複合語は二百五十以上あるが、ほとんどこの基本的な意味を表している。人間を指す複合名詞だけを見ても、その語の意味を特徴づけるのは後項語素であり、前項語素の"同"は統語的にも意味的にも変わっていない。

（107）同班　同伴　同胞　同窗　同道　同行　同好　同伙　同类
　　　　同们　同谋　同仁（人）　同事　同乡　同学　同志

複合動詞の場合も大体同じである。

（108）同步　同等　同感　同化　同居　同事　同行

また、"同甘共苦""同流合污""同类相妒"等、"共""合""相"で組み合わせられた四字熟語においても、"同"の本来の意味は変わっていない。逆順複合語の場合でも、後項語素の"同"はその特徴を保っている。並列構造と偏正構造の例を見てみよう。

（109）等同　共同　会同　混同　雷同　一同　赞同

（110）伴同　伙同　苟同　陪同　如同　随同　相同　协同　偕同

上の語構成の例から、"同"は語構成力が高いが、性質や状態を描写するという基本的な機能は変わらないことが分かる。動作が先、結果が後、具体が先、抽象が後という中国語の統語と語構成の基本的な規則に合わせたかのように、動詞で具体的な"合"と形容詞で抽象的な"同"が結合すると、必然的に"同合"ではなく、"合同"という構成になる[16]。

よく知られるように、"同"には語彙化からさらに文法化へのプロセスが伴う。"同"の接続詞化がその結果である。陳（2002）の分析によると、"同"の接続詞化は、"君子至止，福禄既同"（《诗经・小雅》）のように、具体的な"会合"という意味の表示から、"有女同车，颜如舜华"（《诗经・郑风・有女同车》）のように、抽象的な"共

同”という意味の表示へ、さらに “春到园中，见寒梅同春雪飞”（《全宋词・沈瀛词》）（121-22 頁）というように、名詞をつなぐ接続詞に変化したという。語彙化にしても文法化にしても、“同” の意味は基本的に変わらず、程度の差こそあれ、“合” と同様に、元の述語としての意味を想起させる。従って、“合同” の名詞化は一体化した転換であり、一種の換喩の結果であると結論付けられる。“合” と同じく、“同” も基本的に複合名詞を構成しないことが、“合同” の形成は換喩によるものだと再び立証される。

5. おわりに

清の翟灝は “合同” について以下のように述べている。

(111) 今人产业买卖，多于契背上作一手大字，而于字中央破之，谓之合同文契。商贾交易，则直言合同而不言契。其制度称谓，由来俱甚古矣 [17]。

上の “直言合同而不言契” とは、正にこれまで検証してきた “合同” の代替すなわち換喩による語彙化そのことである。本章の目的は “由来俱甚古” の “制度” という問題を議論することではないが、その “称谓” がどれほど歴史の長いものであるかははっきりしなければならない問題である。以上で検討した “合同” が、その “称谓” の一つの姿である。“合同” という呼称は、宋元明の時代に現れ、次第に成熟してきたが、二十世紀末に制定された《合同法》の中の “合同” と同一視できないとしても、比較的に成熟した合同（契約）概念は早くも中国に生まれていたという事実は、千年近くに及ぶ “合同” の語彙化過程によって証明された。たとえ “重农抑商” という中国の伝統文化においても、経済活動や商業活動、法律観念に関わる用語は、代々に受け継がれてきたのである。確かに “合同” はその “制度” の呼称の一つに過ぎない。その制度化の歴史の全貌を把握するためにも、関連する呼称の盛衰交替というより複雑な問題に関するさらなる研究が望まれる [18]。

注

1) 王力（1990）は"同源詞"を"同源字"とも称し、"語音相同或相近，同時意義相同或相近（発音が同じか似通っており、同時に意味が同じか類似している）"（515頁）と述べている。"合同"は正しくその典型的な例である。

2) 陳（2002, 219頁）が《論衡》には既に"合会""合同""結合"等の"合"で組み合わさってできた二音節動詞が存在すると指摘しているが、"合同"の語彙化はもっと早かったといえよう。

3) 現代日本語を手がかりに古代中国語を考察することは既に試みられている。将冀騁（1991）が"因声求義（発音から意味を求める）""校勘通義（校勘して意味を解釈する）""文例、語境求義（例文、文脈から意味を求める）""語源求義（語源から意味を求める）""方言市語求義（方言、俗語から意味を求める）"といった伝統的な中国語語彙の分析方法以外に、特に"据日語的漢語借詞証義（日本語の中国語借用語に意味を求める）"という方法に言及し、日本語の「次第」と"次第花生眼，須臾燭過風"（白居易《観幻詩》）の意味的関連を検討した。このような研究手法は、改善、体系的な展開が待たれる。

4) 宋の話本と元の雑劇《合同文字》の作者及び具体的な年代ははっきりしないが、関連する問題については太田辰夫「雑劇『合同文字』考」（『中国語文論集 語学・元雑劇篇』汲古書院、1995）を参照されたい。しかし、以下で述べる《西游記》よりも早いことは間違いないだろう。本文の宋話本は上海古籍出版社《古本小説集成》（日本語訳は平凡社『中国古典文学全集第7巻』（1958））により、元雑劇は王学奇主編《元曲選校注第二冊上巻》（河北教育出版社）による。

5) 韓（2002）は換喩の形成を論じた際に、"而立"による"三十而立"の代替が、"后語代前言（後項が前項を代用）"の一種だとした（267頁）。"合同文書"から"合同"へは明らかに異なる"前言代后語（前項が後項を代用）"のタイプである。

6) 例文は商務印書館《古漢語常用字字典》（1979）426-27頁より引用。

7) "偏義複詞"に関しては袁等（2001, 682-689頁）と徐（2000, 214-19頁）を参照されたい。

8) Lakkof and Johnson の説明によると、metaphor（隠喩）は "understanding and experiencing one kind of thing in terms of another."（p.5）とし、相似性（similarity）を持つが、metonymy（換喩）は "has primarily a referential function, that is, it allows us to use one entity to stand for another."（p.36）とし、相関性（contiguity）を持つという。

9) 当時の中国語教材《老乞大》には"合同"の使用例がなく、"契"及びそれと組み合わさった"文契"等が掲載され、"合同"はまだ固定化、一般化されていなかったことを裏付ける。金文京等訳注『老乞大』（平凡社、2002）を参照されたい。

10) David, C.（1995）*The Cambridge Encyclopedia of English*. p.138 を参照されたい。

11) 《二十年目睹之怪現状》には、"立契約""写了両条契約""几時立的契約"という"契約"の例が出ている。梁啓超の一千二百篇の著作の中で、"契約"は73箇所も使わ

れ、法律と経済の概念の範囲を超えた用法もある。梁啓超の"契約"は日本語との接触による"古词再生（古語再生）"か否かの考察は待たれる。

12) 《大词典》は"往三十余岁，西羌反时，亦先解仇合约攻令居"（《汉书·赵充国传》）という例を挙げ、"合约"の本来の意義が"订立同盟"であるとしている。"合同"と解釈されるのは二十世紀後半のことである。

13) 論述の簡潔を図るため、後項語素として構成された動詞等の名詞へと転化した例と動詞と結合する例は本文では省いておく。

14) "朋友"及び"友"に関する論議は第一章を参照されたい。

15) "胡说！你同合他进去了不曾？"（《醒世姻缘传》10回）という"同合"の一例のみ見つけた。《大词典》も、"大不可量，深不可测，同合刑名，审验法式，擅为者诛，国乃无贼"（《韩非子·主道》）と"赞自是吾文之杰思，殆无一字空设，奇变不穷，同合异体，乃自不知所以称之"（《宋书·范晔传》）という二例しか挙げていない。少なくとも、"同合"はよく使われた、安定した複合語ではないということがいえる。

16) 《通俗编》（商务印书馆，1958）を参照されたい。

17) 上で触れた"判书""契""契约""文契""文书"等は更なる体系的な考察が待たれる。

第 3 章　"交渉" 源流考

1.　はじめに

　本章では、通時的観点と共時的観点から"交渉"の形成と使用について考察する。

　歴史的に見ると、"交渉"は、繋がりを持ちながらも異なる二つの語である。一つは「関係」「付き合い」などを意味する"交渉1"、もう一つは「ネゴシエーション」を表す"交渉2"である。本章では、"交渉1"の形成についての調査と分析（2節）、"交"と"渉"の語構成における分布（3節）、"交渉2"の発展（4節）及び現代中国語における"交渉"の使用実態（5節）を踏まえ、以下の三つを主張する。第一に、偏正構造の複合語としての"交渉1"は初唐に成立し、明清の時代では頻繁に使用するようになったが、「関係」「付き合い」という意味の獲得は隠喩の結果である。"交"と"渉"の語構成上の分布及び同じ構造をなす複合語の形成もこれを傍証している。第二に、"交渉2"は清末に定着したものであり、日本語からの借用語ではなく、"交渉1"の語彙化のさらなる発展すなわち意味の特殊化の結果である。第三に、現代中国語における *negotiation* 及び *negotiate* に対応する語は、"談判"と"交渉"は一般的だが、両者は文体だけでなく、意味及び統語的機能の面においても異なっている。"交渉"の意味と統語的機能の希薄化の最も重要な証拠は、"交渉"は"談判"のような、比較的開放的に複合語を組み立てる機能を備えていないという事実である。

2.　"交渉1"の形成

　本節で議論する内容は、"交渉1"が用いられ始めたのはいつか、各時期においてその使用実態にどのような変化があったかである。

"交渉"が語として用いられる最初の例は、唐の時代の作品に確認された。

(1) 宝应既擒，凡诸宾客微有交渉者，皆伏诛（唐·姚思廉《陈书》列传第十三）

(2) 罗师者，市郭儿语，无交渉也（唐·张鷟《朝野佥载》）

(3) 百千万亿偈，共他勿交渉（前蜀·贯休《闻无相道人顺世》诗之五）

(4) 至于宫人出使，不与州县交渉，惟得供其饮食（唐·王方庆《魏郑公谏录》卷一）

(5) 其父存日，与郑家还往，时相赠遗资财，无婚姻交渉（唐·王方庆《魏郑公谏录》卷二）

(6) 应与孙儒踪迹交渉者，并宜免罪，不在究寻（清·董诰《全唐文》九十二卷）

(1) の姚思廉（557-637）《陈书》（636）における"交渉"は筆者が確認した最古の用例である[1]。上の例文を観察すると、"交渉"が最初から名詞と動詞の用法を備えていたことが分かる。(1) の"有交渉"、(2) の"无交渉"、(3) の"勿交渉"及び (4) と (5) の否定など限定的使用が示しているように、"交渉"が持つ「関係」「付き合い」といった意味は大体、その有無または否定など限定的な用法に限られていた[2]。宋の時代における"交渉"の使用は基本的に唐の時代の特徴のままであり、"没"などの否定表現との共起及び疑問表現等が多かった。

(7) 问佛问祖，向上向下，求觅解会，转没交渉（释道元《景德传灯录》十九）

(8) 世人有见古德见桃花悟道者，争颂桃花，便将桃花作饭，五十年转没交渉（《苏轼集》卷一百二志林五十五条·祭祀）

(9) 世上无眼禅，昏昏一枕睡。虽然没交渉，其奈略相似（《苏轼集补遗》诗一百七十九首）

(10) 春虽与病无交渉，雨莫将花便破除（范成大《病中闻西园新花已茂》）

（11）　如此为学，却于自家身上有何交涉（《朱子语类辑略》卷二）

（12）　淮、汝径自徐州入海，全无交涉（沈括《梦溪笔谈》辩证二）

　　よって、"交涉"が広く用いられるようになったのは唐宋の時代の後、すなわち明清の時代のことだと推測できる[3]。

　　唐宋以後、特に清の小説の中では、"交涉"の使用に変化が見られた。使用頻度の増大及び「付き合い」という意味が際立つようになったのが主な特徴である。これは"交涉1"の意味拡大すなわち語彙化の発展の過程でもあり、"交涉1"が"交涉2"へと発展し始めた中間的状態でもあり、"交涉1"の定着及び"交涉2"の成立の始まりをも意味する。もちろん、この時期の"交涉1"はまだ唐宋の特徴を一部受け継いでおり、語彙化過程の連続性を表している。明の用例を見てみよう。

（13）　一般努目扬眉，举处便唱，唱演宗门，有甚里交涉（汤显祖《南柯记・禅请》）

（14）　那女儿只在别家去了，有何交涉（凌濛初《拍案惊奇》下）

（15）　如今人所共见太虚空耳，与真空总无交涉也（李贽《焚书・解经文》）

　　清の李百川（1720-1771）の《绿野仙踪》（1762）における"交涉"は、「付き合い」「往来」という意味で用いられるものが多い。

（16）　倒只怕和仵作有点交涉（第68回）

（17）　老公公与他毫无交涉，怎么说"仇恨"二字（第71回）

　　もちろん、「付き合い」の意味が徹底的に「関係」の意味に取って代わったというわけではない。その後の俞万春（1749-1849）《荡寇志》（1847）において、"交涉"はまだ「関係」を意味していた。

（18）　此案定与他有些交涉（第27回）

（19）　这桩妖事定于二贼身上有些交涉，也须勘问（第66回）

　　二十世紀初頭になると、一部の作品には依然として"交涉1"の用例が見られる。张春帆（1872-1935）の《九尾龟》（1906）においてはまだ"交涉1"の名詞的用法が確認できる。

（20）　难道贝大人的太太和你有什么交涉不成？（第52回）

（21）　小丑小飞珠，和沈二宝也是有些交涉的（第 164 回）

「民国第一小説家」と呼ばれる李涵秋（1873-1923）の《战地莺花录・中》（1915）においても、"交涉 1" の用例は多数確認されている。

（22）　从来不曾同别的女子交涉（第 12 回）

（23）　他是曾经同强盗打过交涉的（第 19 回）

（24）　不见得遂同赛姑打起秘密交涉（第 20 回）

（25）　恐访一旦同别人家女孩儿闹起交涉，我这脸面还是要不要（第 21 回）

例（23）における "打交涉" は "打交道" と同義であり、ここの "交涉" は多義性を備えており、"交涉 1" か "交涉 2" かの判断が難しい。これは、"交涉 1" と "交涉 2" の内在的繋がりを示す証拠であり、"交涉 2" が "交涉 1" の発展の結果であることを物語っている（詳しくは後述）。

以上の分析から分かるように、"交涉 1" の語彙化は、名詞と動詞の区別がないまま時代を経てきたものである。"交涉 2" というさらなる段階になって初めて、その動詞的用法が顕著になったのである。

"交涉" は偏正構造からなる複合語であり、その成立の動機づけは隠喩である。これは "交" と "涉" の語構成における分布及び "交涉" と意味が類似する語彙の形成過程からも立証される。

3. "交" と "涉" の語構成

《大词典》に記載される "交" の意味項目は二十以上あり、その意味的プロトタイプは「二つのモノが接触する」ということである。

（26）　天地交而万物通也（《易・泰》）

"交" のこの意味的プロトタイプから派生された典型的な意味は「知り合い」「付き合い」である。

（27）　为人谋而不忠乎？与朋友交而不信乎？（《论语・学而》）

この意味の "交" は単独で使用可能であり、更に後項語素として大量の複合名詞と複合動詞を構成することができる。

（28）　久交　心交　世交　石交　平交　旧交　兰交　死交　至交
　　　　穷交　势交　知交　厚交　面交　亲交　神交　素交　淡交
　　　　款交

（29）　邦交　托交　纳交　信交　结交　缔交

　現代中国語でも、この意味の"交"からなる複合語はまだ多数ある。

（30）　初交　故交　国交　旧交　社交　神交　深交　世交　私交
　　　　外交　新交　知交　至交　忘年交　八拜之交　一面之交

（31）　邦交　成交　缔交　订交　建交　断交　绝交　结交　相交
　　　　杂交　性交　择交 4)

　しかし、"交渉"と（27）-（31）における"交"とは直接的な繋がりはない。"交渉"は"交好""交游""交易"など「動詞＋動詞」という並列構造複合語でもない 5)。"交渉"は、副詞となった"相互"という意味を表す"交"と"渉"が組み合わせてできた複合語である。言い換えると、"渉"は"交渉"の中心的語素として、その意味変化が"交渉"が語として成立した所以である。"渉"の議論に入る前に、まず副詞としての"交"の語構成について確認しておこう。

　古代中国語では、前項語素として、"交"からなる複合語は多数ある。《大词典》では、各種の構造を持つ語彙は計三百以上収録している。中では、"交相辉映"の"交相"の副詞化は、副詞としての"交"は偏正構造における語構成力が高いことを物語っている。以下は現代中国語でまだ使用されている、"交渉"と同じ構造を持つ複合動詞である。

（32）　交叉　交道　交媾　交合　交换　交汇　交会　交集　交加
　　　　交结　交困　交融　交谈　交恶　交易　交战　交织　交流
　　　　交际　交往　交通

　これらの複合語を分析することにより、"交渉"の構造的特徴と隠喩が成立する過程が傍証される。以下では、偏正構造の"交渉"の語彙化は隠喩の結果であることを証明するために、《大词典》の説明と例文を手がかりに、"交渉1"と意味的繋がりを持つ"交際""交

流""交通"の古代中国語における成立と使用の実態について簡単に考察する。

"交际"は、早くも戦国時代に既に使用されていた。

（33） 敢问交际，何心也（《孟子・万章下》）

（34） 昆弟世疏，朋友世亲，此交际之理，人之情也（汉王符《潜夫论・交际》）

朱子は（33）孟子の"交际"について、"际，接也。交际，谓人以礼仪币帛交接也"という注釈を付けている。"交际"は紛れなく偏正構造の複合語である。

"交际"と意味が近い"交流"も同じである。"交流"は元々、川の水が合流することを表していたが、後に隠喩によって"来往"を意味するようになった。"交涉"と"交流"は、同じ隠喩によってできた同じ構造を持つ複合語である。

（35） 望河洛之交流兮，看成皋之旋门（汉班昭《东征赋》）

（36） 山林独往吾何恨，车马交流渠自忙（宋陆游《晚步江上》）

"交通"は元々相互に通じ合うことを表していたが、後に隠喩によって"往来"を意味するようになった。

（37） 山川涸落，天气下，地气上，万物交通（《管子・度地》）

（38） 与士交通终身无患难（《韩诗外传》卷十）

以上の三つの例と同じように、"交涉"における"涉"は複合語の中心的語素である。この中心的語素としての"涉"の意味変化は"交涉"の語彙化の根本的な原因である。"涉"の意味変化の過程は、語構成における分布から証明できる[6]。

動詞として、"涉"の元々の意味は空間内での移動であり、隠喩によって一連の用法が生まれる。

（39） 川を渡る：子惠思我，褰裳涉溱（《诗・郑风・褰裳》）

（40） 移動：故乡路遥远，川陆不可涉（南朝宋谢灵运《登上戎石鼓山》）

（41） 体験：况以中材而涉乱世之末流乎（《史记・游侠列传序》）

（42） 到着：春夏待秋冬，秋冬复涉春夏（汉王符《潜夫论・叙赦》）

（43）　入る：不虞君之涉吾地也，何故（《左传・僖公四年》）

　"涉"の隠喩による意味変化は、それが構成する動賓構造の複合語にも反映される。

（44）　涉手　涉世　涉目　涉足　涉事　涉俗　涉笔　涉险　涉学
　　　　涉难

　"交涉"は正に、"涉"が隠喩を通して物理的空間内での水流の移動と集合という意味から人間同士の関係と付き合いを意味するようになった過程を表している。"涉"が前項語素として構成する"涉想""涉猎"、後項語素として構成する"干涉""关涉""窥涉"などの複合語化も"涉"の隠喩のプロセスを反映している。

（45）　帐前微笑，涉想尤存（南朝梁何逊《为衡山侯与夫书》）

（46）　徐州张尚书，妓女多涉猎（唐冯贽《云仙杂记・粉指印青编》）

（47）　与小夫人并无干涉（关汉卿《窦娥冤》折二）

（48）　且事当炎运，尤相关涉（唐刘知几《史通・书志》）

（49）　人品以上，贤愚殊性，不相窥涉，不相晓解（沈约《神不灭论》）

　"涉"の語構成力は弱く、前項語素と後項語素として構成された、"交涉"と関連する語彙は以上の数語しかないが、その隠喩の過程は"交涉"と同じである。物理的空間内での移動から抽象的な人間関係と付き合いに変化した隠喩である[7]。意味の変化に伴い、統語範疇も分化し始めた。（1）-（6）の"交涉"の名詞的用法はその裏付けとなる。

4. "交涉2"の発展

　上で言及した《九尾龟》の中には同時に"交涉2"の例も見られる。

（50）　等我把这件事儿交涉清楚再行酬谢（第32回）

（51）　再要和洋人办交涉，自然是困难非常（第145回）

（52）　洋人忽然来和你交涉起来了（第145回）

　上の"交涉"は"交涉1"を一歩発展させてできた動詞である。し

かし、"交渉2"は動詞として述語の機能を働く一方、名詞的用法も保っており、"交渉1"と同様、統語範疇を跨っている特徴を見せている。"交渉1"と"交渉2"のこの構文上の一致からも二つの内在的繋がりが分かる。

(53) 交渉失败（第146回）华洋交涉（第50回）交涉的事情（第146回）

(54) 不谙交涉（第145回）闹出绝大的交涉（第146回） 酿成重要的交涉（第146回） 闹出大交涉来（第158回） 做个间接的交涉（第176回）

例（53）の"交渉"は主語または名詞句の後項要素あるいは前項要素として働き、（54）の動賓構造においては、"交渉"は多くの動詞と結合する一方で、多くの形容詞の修飾を受ける。その多様な用法から、"交渉2"の概念は既にかなり成熟していることが分かる。

《战地莺花录・中》の中にも"交渉2"の用例が見られる。

(55) 却不料因为撞倒那个老妇，忽然的同那两个后生闹起交涉来（第11回）

(56) 母亲竟引他进来同我当面交涉（第16回）

(57) 此后怎样向官署里交涉？（第23回）

(58) 今日湛氏同方钧在厅上办理悔婚交涉（第16回）

(59) 除得同那厮严重交涉，此外皆是无济于事（第23回）

(55)の"闹起交涉"と前述の（25）の"闹起交涉"は特定の文脈がないと、"交渉1"か"交渉2"かの判断は難しい。同じ動詞と共起することは、二つの源流に関係があることを示している。

同じ1903年に刊行された、清末社会を批判する三冊の小説の一冊として、劉鶚の《老残游记》の中で"再也不与男人交涉（第4回）"という"交渉1"の例が見つかり、他の二冊の作品において"交渉2"の用例を見たが、"交渉1"の例はなかった。これは"交渉2"が固定化していることを示すと同時に、"交渉1"の消失が始まることを意味する。吴趼人の《二十年目睹之怪现状》の例を見てみよう。

(60) 我们和外国人办交涉，总是有败有胜的（第85回）

（61） 从此起了交涉，随便怎样，也争不回来（第 85 回）

（62） 这两年上海的交涉，还好办么？（第 91 回）

李宝嘉の《官场现形记》の中の"交涉2"も多く名詞に使われる。

（63） 毕竟是他不识外情，不谙交涉之故（第 9 回）

（64） 说他自到外洋办理交涉，同洋人如何接洽（第 54 回）

（65） 不认得外国字，怎么也在这里办交涉呢（第 33 回）

上の目的語用法の外に、複合語を構成する機能も際立っている。

（66） 交涉事件（第 7 回）　交涉案件（第 9 回）　交涉重案（第 31 回）

ところが、《官场现形记》においては"交涉2"とも"交涉1"とも解釈しうる例が観察される。

（67） 他生平最怕与洋人交涉（第 9 回）

（67）は"交涉1"と"交涉2"の繋がりを十分に証明しており、"交涉2"は"交涉1"の"交往""接触"といった広範な意義の行為の一種の具体的な形態を示しているにすぎない。換言すれば、"交涉2"は"交涉1"の意味の特殊化または縮小化の結果といえよう。

後の批判小説である曽樸（1872-1935）の《孽海花》（1905 年から刊行）において、"交涉1"はなく、"交涉2"の使用は非常に安定したものであった。まず典型的な動詞的用法を見てみよう。

（68） 托他向老鸨交涉（第 8 回）

（69） 到底交涉了几年，这外交的事情，倒也不敢十分怠慢（第 8 回）

名詞として主語に使われるが、多くの複合語をも構成している。

（70） 我国交涉吃亏，正是不知彼耳（第 8 回）

（71） 交涉事件（第 3 回）　交涉的方略（第 8 回）　交涉上的劳绩（第 9 回）　交涉的难题目（第 15 回）　交涉的事（第 24 回）

実際、"交涉2"の定着は鄭観応（1842-1922）の《盛世危言》で十分に窺える [8]。（72）の動詞的用法を除くと、"办交涉"という動賓構造の固定化や"办交涉"によるさらなる複合形式にみられる名詞的特徴が"交涉2"の概念化と抽象化の程度を立証している。

（72）　英人商务交涉中国，财产颇巨（边防二）

（73）　愤时者不可以办交涉（略）趋时者不可以办交涉（交涉上）

（74）　办交涉之法日益绌，能办交涉之人日益少（交涉上）

（75）　是宜先储善办交涉之才，次定专办交涉之法（交涉上）

主語として使う場合、"交渉"の結合がさらに多様化する。

（76）　而交涉之难调，由于意向之不定（游历）

（77）　罕习外情承办先天主见，交涉何得公平（游历）

（78）　遇交涉不平之事，据理与争（日报下）

名詞の"交渉"は偏正構造の前項要素と後項要素のどちらとしても使用可能であり、比較的に自由に複合語を組み合わせるという性質は、第5節で言及する"谈判"とは幾分類似しており、その概念化の定着度の高さを物語っている。

（79）　交涉案件（吏治下）交涉之案（刑法）交涉之事（西学）交涉
　　　　大事（通使）交涉则例（交涉上）

（80）　界务交涉（边防五）洋务交涉（交涉上）通商交涉（交涉上）
　　　　中外交涉（日报上）中西交涉（交涉下）杀伤交涉（交涉上）

《盛世危言》において"交涉1"の用法は"有交涉"という一例しかないが、"交涉1"と"交涉2"の関連性を表している。

（81）　所以各官与招商局有交涉者、或有势力者，皆不尊局船规矩
　　　　（商船上）

《盛世危言》における"交涉2"の使用はかなり安定しており、negotiation の概念とほぼ一致する。しかし、"交涉2"の固定は一時的なものである。取って代わったのは、その後日本語から借用した"谈判"である（詳しくは後述）。

"交涉2"の出自に関しては三つの見方がある。一つは、高名凱、刘正埮（1958）が主張する日本語からの借用とする考え方である。もう一つは、王立達（1958）が"交涉"の語源に言及しないというような問題の回避である。三番目は、潘允中（1989）が主張するように、それは日本語からの借用ではないとの見解である[9]。"交涉2"は日本語からの借用語かそれとも"交涉1"の語彙化の結果かという

問いに対しては、以上で議論した"交渉2"と"交渉1"の形成や用法及びその意味的関連性をもって答えられるだろう。それに、使用時間の前後から見ても、"交渉2"は日本語から借用されたものではないことが分かる。

　日本の最大規模で語源のデータが最も豊かな小学館『日本国語大辞典（第二版）』（第五巻）（2001）に出た「交渉」の初出は二十世紀の初めごろに見られる。

（82）　帝国が平和の交渉に依り求めむとしたる将来の保障（「露国に対する宣戦の詔勅」（1904））

　ところが、十八世紀末に早くも"交渉事件"という用法が中国語に見られ、漢語大詞典出版社の《近現代汉语新词词源词典》（2001, 125頁）にある"交渉2"の例は日本語より二十年早いものになる（(85)）。

（83）　两边人民交涉事件，如盗贼、人命，各就近查验缉获罪犯（《恰克图市约》（1792）

（84）　遇中外交涉事件（冯桂芬《显志堂稿・上海设立同文馆议》（1862）[10]

（85）　我中国办理交涉之案，如能不存轩轾，一秉至公，据理而论，亦未尝不可以服远人（1881年阙名《日本杂记》）

　（83）と（84）の"交渉"は上で議論した《盛世危言》とその後の小説に出た"交渉2"の概念に全く等しいものではないとしても、"交渉2"の形成の出発点であり標識だといえよう。これはまた、"交渉2"の固定化は中国語内部における言語変化の事実だと示唆している[11]。

　現代中国語の一部の語彙は日本語から来たものかどうかの検証は重要だが、使用時間の前後関係を調べるにとどまるべきではない。使用時間の前後を確認できたとしても、語彙化の動機づけの説明にはならない。筆者の考えでは、日本語からの借用語かの検証を行うと同時に、借用語であれば、中国語化のプロセスと理由を分析する一方、借用語でなければ、中国語内部における語彙化のプロセスと動機付けを

明らかにしなければならない。今までの"交渉"語彙化の分析はこの後者の作業の試みである。

5. 現代中国語の中の"交渉"

　語彙化は常に継続している言語過程である。清末から今日に至るまで約百年の歴史で、"交渉"（"交渉2"を指す。以下同）は絶えず変化していた。本節では、五四運動以降の数十年間にわたる"交渉"の使用頻度を調査し、"談判"に取って代わられた事実を解明した上で、今の"交渉"使用状況を調べながら、"交渉"の語彙化を再考する。

　五四運動の前後、"交渉"は使用頻度が高かった。《梁启超著述及研究文献全文光盘》を検索すると、梁啓超の1200篇の作品における105篇の中に"交渉"が329箇所あったのに対し、"談判"は梁の後期作品の13篇に63箇所しかなく、"交渉"の5分の1にも満たさなかった。また、536巻からなる《清史稿》（1914-1927）を検索すると、"交渉"は数多くあったが、"談判"はなかった。二十世紀初期ごろ、"談判"はまだ"交渉"に取って代わっていないことが分かる。

　しかし、二、三十年代以降、"交渉"は次第に"談判"に取って代わられる兆しが見えた。《毛泽东选集（4巻本）》を検索すると、"交渉"は使用されておらず、"談判"は10回も出た。同じ時期の文学作品を検索しても、"交渉"の使用頻度は次第に低下していく傾向が見られる。魯迅、茅盾、沈従文などの二、三十年代の作品を集めた《中国现代文学名著经典（一）》では、"交渉"は202回、"談判"は47回使われた。四十年代以降の周而復などの作品を集めた《中国现代文学名著经典（二）》だと、"交渉"は61回、"談判"は110回使用された。"交渉"はこの期間において次第に"談判"に取って代わられ、今日の様子に変わったことが分かる[12]。

　いま現在の中国語では"交渉"はどのように使われているのか。2003年の《人民日报》のデータに基づき、"談判"と比較しながらそれを確認してみよう。

　2003年の《人民日报》には"交渉"は約100回出現しているが、

（86）の“交涉”と“谈判”の併用は、二つは意味が類似することを示す一方、ある程度の相違があることも示される。

（86）代表农民工与企业就工资、劳动待遇等问题进行谈判交涉（12/8）

総じて見ると、“交涉”は基本的に動詞的統語特徴を持ち、名詞としての用法は少なく、語構成力も限られている。これが“谈判”と異なる大きな違いの一つである。

まず、動詞として使われる“交涉”の例を見てみよう。

（87）办案律师了解情况后，几次找到王某交涉（10/25）

（88）没有得到优抚金，刘某可以与相关部门交涉要求落实（9/4）

動詞として使う場合、“交涉”はたいてい具体的な意味を表す。上の例の“交涉”が連動文の後項述語または前項述語として働くのも、下の時間副詞節と共起する例もこれを傍証している。

（89）为了取回自己的卡，她不得不和银行工作人员交涉了好一阵（1/13）

（90）张徐两家交涉了快一个月，还是没有结果（4/19）

“交涉”は副詞と偏正構造を構成するのも“交涉”の動詞的性格を裏付ける。

（91）多次交涉　反复交涉　一再交涉　多方交涉

“交涉”と共起する、対象を表す補足語も具体的なものである。

（92）工作人员　商家　校方　厂家　公司　超市

ただし、“交涉”は直接目的語を取ることは少なく、交涉する内容を導入する前置詞節と共起する場合も、“交涉”は“进行”といった形式動詞の目的語として使われる。すなわち“交涉”は一定の名詞的性質を持ち合わせており、統語範疇的分化は未完成のままである。

（93）围绕古巴华工问题清政府与西班牙曾进行过反复的外交交涉（5/18）

（94）就此事向土耳其政府和有关国际机构进行交涉（6/11）

“交涉”の名詞的性格は“交涉团”などのような複合名詞を構成できる点にも表れ、“交涉团”と“谈判团”の互換性がその歴史的繋が

りを物語っている[13]。

　（95）　市烟具行业协会组成交涉团前往欧洲（8/11）

　ところで、（96）の"提出交涉"は"提出抗议"の意味であり、交渉行為そのものではなく、"提出谈判"とは置き替えられない。ここの"交涉"には新たな名詞化の傾向が見られる。

　（96）　中国驻法使馆也已经向法方就此提出交涉（8/16）

　（97）　小泉首相不顾中国政府一再交涉和强烈反对（1/15）

　（98）　日本驻华使馆接到中国外交部对此事件交涉后（8/13）

　（97）の"一再交涉"と"强烈反对"の並列は、二つの意味的関連性と類似性を反映している。（98）の"接到交涉"の"交涉"は交渉という具体的な行動ではなく、通告や通牒を意味するもので、新しい意味転換の傾向を見せている。

　名詞として、"交涉"は一部の形容詞と名詞の修飾を受け、偏正構造を作ることができる。

　（99）　严正交涉　有力交涉　积极交涉　紧急交涉　必要交涉　对外交涉　住房交涉

　ただし、"谈判"と比較すると、このような複合形式が少なく、とりわけ"住房交涉"というような名詞との複合は少なく、"交涉"の名詞的機能が弱まっていることを物語っている。

　2003年《人民日报》には"谈判"は700回以上出ており、"交涉"の7倍にも及び、"谈判"の語構成力の豊富さを見せている。借用語とされる"谈判"が"交涉"に取って代わろうとしている様相を呈する。

　まずは"本轮谈判""举行谈判"から分かるように、"谈判"は書き言葉の量詞"轮"と"举行"と共起できる。"本轮交涉""举行交涉"などが言えないように、"交涉"にはこの文体上の表現機能はない。

　更に、"谈判"は様々なタイプの語句を構成でき、並列構造、主述構造、動賓構造の他に、偏正構造の前項要素または後項要素にもなる。上述するように、"交涉"はこういう構成力が弱い。

　まずは並列構造である。"交涉"は以下のような並列構造を作るこ

とは少ない。

（100）从对外招标、谈判、签约到合同的执行（7/21）

（101）对话与谈判　协商和谈判　谈判磋商　谈判商量

　　名詞として"谈判"が主語を担う主述構造においては、述語の二音節動詞も四字熟語も書き言葉であり、"交涉"と比べると、"谈判"はよりフォーマルでより文語的であり、語構成力もより高い。

（102）谈判破裂　谈判触礁　谈判卡壳　谈判搁浅　谈判失败

（103）谈判步履蹒跚　谈判一波三折　谈判裹足不前　谈判陷入僵局

　　名詞の"谈判"は目的語として使う場合も、主語を担う主述構造と同様、多様な使用が可能である。

（104）进行谈判　拖延谈判　结束谈判　恢复谈判　深入谈判　启动
　　　　谈判　加快谈判

　　偏正構造の前項要素の場合、"谈判"の組み合わせはより豊富で自由である。

（105）谈判领域　谈判战术　谈判策略　谈判方式　谈判方案　谈判
　　　　原则　谈判模式　谈判对手　谈判议题　谈判空间　谈判僵局
　　　　谈判方向　谈判立场　谈判进程

　　偏正構造の後項要素の場合、前項要素が"谈判"の内容を指すにしろ"谈判"の状態を指すにしろ、その組み合わせも多様で自由である。

（106）入盟谈判　条约谈判　裁军谈判　停火谈判　组阁谈判　合资
　　　　谈判　索赔谈判　商务谈判　农业谈判　价格谈判　劳资谈判
　　　　引资谈判　项目谈判　贸易谈判

（107）紧张谈判　艰难谈判　高级谈判　秘密谈判　公开谈判　正式
　　　　谈判　预备性谈判　平等谈判　直接谈判　拉锯谈判　多边谈
　　　　判　集体谈判　国际谈判　维也纳谈判

　　偏正構造の自由さが、"谈判"は *negotiation* と日本語の「交涉」とほぼ対応することを物語っている。"谈判"こそ、*negotiation* という概念の基本語である。言い換えると、現代中国語では、*negotiation*と「交涉」の対応語は"交涉"から"谈判"に讓ったというわけであ

る。

　二音節語彙化の主な源泉は複合形式であり、語彙化が完成した後の更なる複合表現を構成する構成力がその語彙化の完成度の重要な指標となる。"交渉"の語構成力の低さと"談判"のその高さは、"交渉"の弱体化と"談判"による代替を明確に示している。

6. おわりに

　"Each word has a history of its own" [14] という方言地理学派のスローガンの通り、語彙の形成と変遷のプロセスとその動機づけは極めて複雑なものである。語彙化の動機づけは、言語内のものもあれば、言語外のものもある。本章における"交渉"の1500年弱の歴史についての分析が示しているように、"交渉1"の形成は隠喩などの中国語内部の意味的、構造的変化の結果である一方、"交渉1"の意味の特殊化すなわち"交渉2"への発展は、社会生活の変化という外部的動機づけによるものである。周知のように、アヘン戦争と五四運動は現代中国語の形成と発展にとっては二つの大きな歴史的時期であるが、"交渉1"が消失し、"交渉2"が発展し、徐々に"談判"に取って代わられたプロセスは、正にこの時代における言語変化の一つの好例である [15]。"交渉"の語彙化は、語彙化の動機づけの一つは社会生活の変化にあるという規則を改めて立証する一例となる。

注

1)　初唐以前に"交渉"の用例がないことはまだ完全に証明できない。検索の結果、《太平广记》における用例は（2）のみで、清の童诰が編纂した《全唐文》（1796-1820）における用例も（6）しかない。2529人の唐の詩人の42863篇詩作を収録した"全唐诗库"（http://www3.zzu.edu.cn/qtss/zzjpoem1.dll/）にも（3）の一例しかなかった。《陈书》以前のいわゆる"前四史"及び他の文献を調べても、もっと早い用例は見つからなかった。"交渉"の限定的な分布も、当時はまだ語として成熟していないことを物語っている。また、"国学网页"（http://www.guoxue.cn）を検索した結果、欧陽詢が編纂した《艺文类聚》（624年成立）巻九"泉"に収録されている後漢の張衡の《温泉賦》に、"览中域之珍怪兮，无斯水之神灵，控汤谷于瀛洲兮，濯日月乎中营。荫高山之北延，处幽屏以闲清，於是殊方交渉，骏奔来臻，士女晔其鳞萃兮，纷

杂遝其如烟"と"交渉"があったが、後に《张衡诗文集校注》(上海古籍出版社, 1986, p.16) を確認した結果、"交渉"は実は誤りであり、"跋渉"だったことが分かった。以上から分かるように、"交渉"が独立的な語として使用可能になった時代が初唐より早い可能性は低いだろう。

2) 《大词典》(1992, p.376) では、"交渉 1"に"关系"と"往来"という二つの意味項目が立てられている。筆者の考えは、両者が相互を前提とする密接な関係を持つ語であり、名詞と動詞の統語範疇が完全に分化されることはないため、ここでは区別しないようにする。

3) "交渉"と関わる一般的な辞書、例えば《辞海》(1979 年版, p794) と《辞源》(1979 年版, p.151) 及び諸橋轍次の《大漢和辞典》(大修館書店) などは、主に (10) を例として挙げるため、"交渉"が現れたのが宋の時代だという間違った認識が生じる。《大词典》では貫休の例があるが、(1) が示しているように、"交渉"の成立は貫休より 200 年以上も早かったのである。

4) (28) と (29) は安徳文 (1994, p.238-240) より、(30) と (31) は陈晨ら編纂 (1986, p.273) より引用。

5) 陈 (2002) が中古中国語における並列二音節語の形成を議論する際、《论衡》における"交接""交通""交易"を並列構造複合語として挙げている (p.219) が、以下の"交通"などについての分析から分かるように、この分類は間違っている。

6) 高名凱・刘正埮 (1958) が現代中国語における日本語借用語の三つのタイプを議論する際、"交通"を"場合"と同類の"純粹なる日本語"(p.82) に、"交際"及び"交渉"を"文化"と同類の、古代中国語からの"翻訳借用語"(p.87) に、"交流"を日本語の内部でできた"翻訳借用語"(p.93) とそれぞれ分類しているが、その分類が誤りであることは以上の分析から分かる。

7) 隠喩 (metaphor) について参考できる文献は多数あるが、Lakoff and Johnson (1980) の定義が妥当であろう。"(metaphor) understanding and experiencing one kind of thing in terms of another."(p.5)。詳細は第四章を参照されたい。

8) 《盛世危言》はその初版である《救时揭要》(1873) 及び《易言》(1874) から、数回の訂正を経て、最終版が刊行されたのは 1900 年である。《盛世危言》の成立経緯については夏东元編《郑观应集 (上)》(上海人民出版社, 1982) の前書きを参照されたい。

9) 潘允中 (1989) は三回"交渉"について言及している。"'交渉'古义指关渉、关系、(略) 在近代汉语里、'交渉'产生了一个新义、专指人与人间、国与国间互商处理事情的行为"(p.119) と指摘している一方、中国初のアメリカ留学生である容閎 (1828-1912) における欧米語借用語の特徴について述べる際、"交渉"を借用語かのように例として挙げており (p.147)、矛盾しているところがあるように思える。また、日本語借用語を否定する際、"交渉"を挙げ (p156)、"交渉 2"の語源の問題をあやふやにしている。また、刘正埮ら (1984) には、"交渉"が外来語として収録されていない。

10) (83) は陈帼培編《中外旧约章大全》第一分巻 (中国海关出版社, 2004, p.68) か

らの引用で、(84) は柳詒徴編《中国文化史》(上海古籍出版社, 2001, p.884) からの引用である。

11) 日本語の"交渉2"の形成と使用に関しては、現時点ではまだ具体的な研究が見つかっていない。日本語の"交渉2"は中国語の影響を受けての結果だと推測する。上掲の《盛世危言》前稿三十六篇本《易言》の成立は1874年頃で、〈論交渉〉篇があるだけでなく、"交渉之案""交渉事务""交渉事宜"といった用法も見られる。"(《易言》当时) 风行日、韩"(《郑观应集・上》, p.238) という言い方から見ると、日本語の「交渉」は中国語の影響によるものである可能性が高い。

12) 張永言 (1988) が"谈判"などの語を例に、社会主義時期に入って以来、"政治、哲学用语大普及，有些成了常用词"(p.136) と主張している。筆者が調査した"谈判"が"交渉"に取って代わるというデータが、基本的にこの結論を支持するものになる。"谈判"の借用及び"交渉2"との競合といった詳しいプロセスについての体系的な議論は、今後の研究が待たれる。

13) 最近、中国語のインターネットにおいて"交渉术"といった"日本語臭"のある複合語が見られる。これは日本語の影響によるものか、中国語における"交渉"が発展する結果なのかも興味深い問題である。

14) 徐通鏘《历史语言学》(商务印书馆, 1996, p235) からの引用。"交渉1"の消失は"关系"の使用の一般化と関わっている可能性が高い。これも今後の課題にしたい。

第 4 章 "面子" の隠喩

1. はじめに

　林語堂は、初期の中国文化論の著書 *My Country and My People*（1935）の中で、"面子" について "中国人の社会的交際を調節する最も微妙な基準である"、"面子は翻訳不可能であるし、定義の下しようがない"、"中国人の「面子」を西洋人の「栄誉」と同一視することは明らかに大きな誤りである"[1] と述べている。

　確かに林氏が指摘するように、"面子" は中国人の行動様式を支配する重要な概念だが、その意味内容を把握することは簡単ではない。以下の例が示すように、言語形式としての "面子" は豊かな含蓄がある[2]。

(1) a. 有面子（面目が立つ）　没有面子（面目ない）

　　 b. 愛面子　好面子　要面子（メンツを重んずる）　丟面子（面目を失う）…

　　 c. 給面子　留面子　看面子（顔を立てる）　伤面子（顔をつぶす）…

《词典》では、(1) の "面子" を "体面" と "情面" と解釈している。しかし、"体面" と "情面" は "面子" と異なり、"体面" とは何か、"情面" とは何かと問われてしまう。"体面" や "情面" をもって "面子" の中身を表すことはできない。

　中国人の行動様式について細かく描写することによって "面子" の行動基準を検証し説明することができるかもしれない[3]。しかし本章の目的は、言語の歴史的プロセスと実際の用法に着目し、"面子" の隠喩という概念化の過程を分析して、"面子" の意味内容を説明し、身体語彙の隠喩という相対的な普遍性の立証を試みる。

　本題に入る前に、隠喩と関連のある換喩の概念を明確にしたい。

　隠喩（metaphor）の研究は東西を問わず、長い歴史がある。Metaphor のギリシャ語 μεταφορά は、早くもアリストテレスによって用いられた。中国の古典詩歌に見る "比"（比喩）が隠喩の源であるといえよう。中国の伝統的修辞学では隠喩に関する体系的な研究がなされ、近代の陳望道の著書《修辞学发凡》（1932）がこの分野の代表作である。陳は（2）によって隠喩の形式は "甲は乙である" と指摘し、今も参考になる。

(2) 君子之德，风也；小人之德，草也

　しかし伝統的な隠喩の研究はほとんど文学と修辞学の範囲内のものであり、隠喩と "引申"（派生）の共存がこれを示している[4]。意味及び統語範疇の変化の動機づけを求める体系的な隠喩研究は欧米で二十世紀七十年代からのことである。

　Lakoff & Johnson（1980）は隠喩と認知、隠喩と意味に関する科学的研究の先駆けであった。彼らは隠喩についてこう述べている。

(3) The essence of metaphor is understanding and experiencing one kind of thing in terms of another.（p.5）

　隠喩の理解という役割を強調し、隠喩の "喩" の本義と合致しており、人間の認識の共通性を反映している。本章で検討しようとする "面子" の隠喩は、正に最も重要な身体経験（bodily experience）が人間の認知に働きかける言語の普遍的なプロセスの表れである。

　隠喩は孤立した存在ではなく、連語を含む、文ないし文章などの言語化の中で実現するものである。本章では、"面子" の隠喩つまり概念化は最終的には（1）で示されている動詞の共起すなわち慣用語化（idiomatization）の中で実現するということを証明する。

　隠喩と関連する重要な概念が換喩（metonymy）[5]である。中国語の "借代" や "代称" などが metonymy の概念に類似している。《古汉语常用字字典》（商务印书馆、1979）で挙げられている転喩の例は換喩の一種である[6]。

(4) a. 沉舟侧畔千帆过（部分が全体の代わりとなる）

　　b. 将军身披坚执锐（性質が物事の代わりとなる）

　　c. 妾不衣丝（原料が事物の代わりとなる）

d. 以齿则长，以德则贤（具体的なことが抽象的なことの代わりとなる）（第三章の（49）-（52）を再掲）

英語の "face" にも換喩の用法がある。

(5) a. She's just a pretty face.
   b. There are an awful lot of faces out there in the audience.
   c. We need some new faces around here.（Lakoff & Johnson, 1980:37）

上は顔が人（the face for the person）という換喩法である。(5) で構成される文においてのみ、"face" で示すことができる。正に Lakoff & Johnson（1980:36）の指摘通りである。

(6)（metonymy）has primarily a referential function, that is, it allows us to use one entity to stand for another.

一般的に 隠喩は相似性（similarity）を持ち、換喩は相関性（contiguity）を持つと認識されている。しかし隠喩と換喩には内在的関係がある。(5) に対して、"lose face" の "face" は隠喩である。日本語の「顔」は「会社の顔」「ニュースの顔」においては換喩であり、慣用句「顔に泥を塗る」においては隠喩である。Goatly（1997:57）が隠喩と換喩の連続性という特徴を次のように概括している。

(7) Metonymy provides foundations on which the metaphorical edifice is built.

"面子" の隠喩の過程でもこの主張を立証している。

2. "面" の話

現代中国語では、"面子" は抽象的意味として単独に使用されており、"面子" と "面" の関係について考えることは少ないと思われる。この意味では、"面子" は "固定化隠喩"（dead metaphor）であるといえる [7]。しかし "面子" において "面" は語幹であり、"子" は接尾辞である。"面子" の隠喩過程をはっきりさせるのならば、"面" を考察しなければならない。

"面" は三千年前、殷時代の卜占の記録にすでに見られ、またその

類義語である "脸" は東晋時代前期から使われ始めたことは伝統的な文字学や訓詁学においてすでに証明されている。象形文字の "面" は顔を表現する基本語、つまり "祖型" であり、形声文字の "脸" は派生語である。唐宋元明時代の間に、"面" と "脸" は混用されるようになり、明人が《水滸伝》の中で "洗脸" を "洗面" の代わりに使った[8]。"脸" が "面" に取って代わるというこの歴史的過程は、隠喩を含む "面" の抽象化が、"面" と "脸" が抽象的表現と具体的表現において各々の役割を持つ理由となったことを物語っている。現代中国語の常用語彙として "面" は独立性を失っており、それで構成される多くの転義用法の複合語や熟語の存在がこの歴史過程の痕跡となる。

《大词典》第十二巻では漢字の通仮字の他に、十八もの "面" の意味項目が掲載されている。まとめてみると、転喩と派生を含む名詞化、動詞化、副詞化及び量詞化という四つの範疇化の過程がある。

(8) a. 三杯面上热，万事心中去（本義）

　　 b. 依旧桃花面，频低柳叶眉（転喩）

　　 c. 鸳鸯对浴银塘暖，水面蒲梢短（派生）

　　 d. 将帅不得一面天颜而去（動詞化）

　　 e. 又欲面言事，上书求诏徴（副詞化）

　　 f. 相见一面（量詞化）

以上の例から、"面" の転義及び文法機能の拡大は換喩と隠喩の過程が伴ったもので、換喩は隠喩の基礎であり（例えば (8)b）、隠喩は換喩の飛躍である（例えば (8)c. d. e.）ということが見て取れる。"面" の複合語化と熟語化もこれを立証している。

《大词典》第十二巻には "面" からなる二字、三字、四字の正順複合語と熟語が全部で二百五十近くある。二字の複合語の例を見てみよう。

(9) a. 並列構造：面背　　面颊

　　 b. 主述構造：面熟　　面嫩　　面软

　　 c. 修飾構造：面妆　　面具（名詞）

面叙　面談（動詞）

　　d. 動賓構造：面壁　面世　面地

　（9）から、“面”の転義と使用頻度の関係が分かる。並列構造の例は現代中国語ではあまり見られず、具体名詞としての語構成力は最も弱い。主述構造の多くは転義用法であるため今なお使用されており、顔を人の代わりとする用法“面対面”は典型的な例である。動賓構造は使用上文体の制限を受け、使用例は比較的少ないが、“面臨”“面向”及び“面南坐北”など、動詞的性格を持つ用法はまだ多く、動詞としての生命力はいまだ保たれている。修飾構造の名詞も使われてはいるが、多くはない。最も注目すべきは、修飾構造の動詞の状況である。中でも“面”を副詞と解釈する“面＋交流動詞”という修飾構造が多数を占め、全部で六十余あり、その一部は現代中国語において今なお使用されている。この点を見ると、“面”の転義と文法化は“顔が人の代わりとなる”という換喩と“顔とは人のことである”という隠喩を含んでいたことが分かる。“面”が身体名詞から拡大されて抽象名詞、動詞及び副詞などになっていった過程は、有形から無形へ、具体から抽象へ、経験から認識へといった範疇化の一般的規則に合致する[9]。

　“面”が人と人が向かい合う状況を表すという動詞や副詞的用法が、“面子”と共起する動詞の多くが直接的な人間関係の内外を表現することであるという動詞の特徴を決定づけていると言える（第4節、第5節を参照）。言い換えると、“面子”は“面”を源とし、“面”の特性をいくつか保持している。

　“面”から構成される二音節語には、正順か逆順かはさておき、近代中国語の中には概念化した“面子”と近い意味を持つ例がある。

　（10）a. 面上（面目上）面分　面孔（顔つき）　面目　面皮（面の皮）　面情　面顔（面目）

　　　　b. 顔面（面目）体面　脸面（面目、体面）　情面（情実、よしみ）[10]

　（10）aの“面上”と（8）aの“面上”が同形であることは、抽象名

詞が具体名詞から来たものであることを証明しており、"mind-as-body" という身体名詞の隠喩の普遍的規則に合致する。現代中国語の中でも使用されている "不看僧面看佛面（僧の顔を見ずとも仏の顔を見る）" の中の "面" は（10）a と同じ隠喩であり、言語の発展変化の痕跡となる。

　しかし、抽象名詞として（10）a は現代中国語ではすでに消失しており、これに取って代わったのは "面子" なのである。（10）b は今でも使用されてはいるが、"面子" ほどではなく、（1）のように多様な動詞との共起形式はない。このことは、"面子" が "面" 及びその抽象的複合語に取って代わるだけでなく、隠喩過程がさらに深化し、それに伴ってきたのは抽象的意味の拡大と固定化、概念化であることを証明している。次節では "面子" のこの過程について検討する。

3. "面子" の成立

3.1 "面子" の出現

　《大词典》第十二巻によると、"面子" は唐張鷟の《游仙窟》に初出を見る。

（11）　辉辉面子，荏苒畏弹穿；细细腰支，参差疑勒断

　（11）は我々が調べた中で "面子" が顔の部分を表す唯一の例である。（11）の "子" は韻律を整えるために付けられたものである。"阿" などの接頭辞や "儿" などの接尾辞と同じように、"子" の付加によって音韻が調整されると共に、単語の二音節化が引き起こされる。しかし、（11）の "面子" と抽象的な意味の "面子" とは直接的繋がりはなく、"面子" の抽象的な意味は上で検討した "面" から変遷してきたものであると考えられる。《大词典》に記載されている "面子" の抽象的な意味の例を見てみよう。

（12）　贼平之后，方见面子（《旧唐书》）

（13）　有了王爷的面子，还怕上头不收（《官场现形记》）

（14）a. 面子话（《金瓶梅》）

　　　 b. 面子情儿（《红楼梦》）

c.　面子帳（《官场现形记》）

　"面子"は（12）では目的語、（13）では中心語、（14）では連体修飾語として使われる。（12）《旧唐书》（940-945）の例から、近代中国語の早い時期より、"面子"が抽象的意味を表す一つの単語として使用されたことが分かる。しかしこれから述べるように、"面子"の概念化は長期にわたる言語運用の中で次第に完成していったのである。

　なぜ"面子"が抽象的な意味を持つ"面"（（10）aの複合語を含む）に代わって出現したのかというと、理由は二つ考えられる。一つは前節で分析した"面"の語素化、即ち"面"が複合語や熟語を構成する過程の中で独立性を失うようになったことであり、もう一つは転義過程の深化につれてその語義がますます抽象的になり、独立した抽象概念を表す"面子"が出現したことである。"子"の付加は"面"の隠喩つまり抽象名詞化の標識（marker）であると考えられる。"動詞＋子"で動詞を名詞化するのと同じように、"子"は範疇化の標識という働きを持つ。一般的に、接尾辞"儿"は抽象を表し、"子"は具体を表すとされている。しかし"面儿"と"面子"のように、抽象と具体を表す上で"儿"と"子"は交替することもある[11]。"子"が換喩と隠喩から起こる抽象名詞化を示している例は現代中国語も多く見られる。

　（15）　引子　日子　脑子　份子　底子　点子　样子　小圈子　小辫子　笔杆子…[12]

　"子"を取ると、（15）の一部の語は成立せず（例えば"点子"）あるいは名詞が具体的な意味のみを持つようになる（例えば"笔杆子"）。"面子"は（15）と同類である。

　以上から現代中国語において"面"及び（10）aのような抽象的意味を持つ複合語の消失は、"面子"の隠喩すなわち概念化に取って代わった結果であるということが立証される。

　北京語では、"面子事（儿）""面子问题"など、（14）のような偏正構造の用法が今日でも受け継がれている。時代の発展に伴い、"面子"

の用法はますます多様化し、その意味内容も豊かになってきて、最終的に一つの新しい概念を形成するようになった。

3.2 "面子"の意味内容

現代中国語では、"面子"の用法は（12）-（14）のようなものに限らず、その統語機能は絶えず拡大し、より抽象的な意味解釈が生まれ、例はいくらでも挙げられる。

（16）a. 面子大

　　　b. 自己面子不好过

　　　c. 面子上好看；面子上过得去

　　　d. 栽了面子，坏了名声；借助他人的面子和威名抬高自己

　　　e. 使对方面子下不来；使他人面子难堪

　　　f. 碍于面子

　　　g. 用顶好清香油顶有面子

（16）の"面子"は統語上の機能はどうであれ、抽象的な意味を持つことに変わりはなく、（12）-（14）のような近代中国語の"面子"より意味内容が豊富である。

上の例が表すように、"面子"は対人関係（interpersonal relation）の抽象的な概念を表している。第4節と第5節でその慣用語化の考察を通してその意味内容を詳述するが、まず次の通り"面子"を定義づける。

（17）　面子は人間同士の相互作用に現れる人間の一種の社会的価値
　　　　ここでいう"社会的価値"とは以下の概念を含む。

（18）　自尊　自爱　自豪　身份　地位　声望　名誉　名声　名望
　　　　荣誉　威信　优越感　虚荣心　人情　立场…

実際の言語運用の中で、文脈や語句（特に動詞）との共起の変化に伴い、"面子"は（18）のような抽象的な概念をもって解釈できる。

人間同士の相互作用を表す内向け動詞（inward verb）、外向け動詞（outward verb）と"面子"との共起が（17）のような"面子"の意味内容を際立たせる。その共起より"面子"の有無すなわち（17）でいう社会的価値のありなしを表されるのだが、慣用句の"有面子"

((16) g) と "没面子" が具体的な表れである。以下で検討する「内向けの面子」と「外向けの面子」に関わる慣用語化は "面子" の有無をめぐって展開されるのである。

内向け動詞と外向け動詞は、Teng, Shou-hsin が動詞の方向性に着目して提案した動詞の分類である。たとえば、

(19) a. 买 讨 学 拉 问 取 娶 接 领 要
　　　b. 卖 赏 说 嫁 给 推 教 赶 发 投

内向け（inward）とはある動作や作用が主体に向かう（agent-oriented）ことであり、その逆が外向けである。構文上、起点（source）と終点（goal）によって一定の統語関係を構成する[13)]。以下で検討する "面子" と共起する内向け動詞と外向動詞の一部は（19）と関わっているが、中でも（19）a の "要" と（19）b の "给" が最も典型的なものである。しかし、本章で言う内向け動詞、外向け動詞は、人間同士の相互作用に着目したものであり、構文上必ずしも起点と終点で構成される統語関係を持つわけではなく、その方向性は往々にして抽象的であって、顕在化されていない。（19）の物理的空間内の移動を表す内向け動詞と外向け動詞が "面子" と共起できないのは、"面子" が抽象的な意味を表す意味特徴によるものである。（19）に挙げられていない "爱" のような方向性を備えない動詞も、"面子" との共起により、特定の対人関係の下で抽象的な方向性を与えられるようになる。以下、内向け動詞と外向け動詞が "面子" と共起する様相を詳しく見てみよう。

4. 内向けの "面子"

4.1 "爱面子"

"爱面子" は "面子" が動詞と共起するものの中で最も成熟した慣用語の一つである。これは内向け "面子" の基本モデルをなしているが、このモデルに符合するものは大体共起可能であり、慣用語になる場合もならない場合もある。

"爱面子" とは "面子" を捨てない又は "面子" を保つという状態

である。"爱"自体ははっきりした方向性を持たないが、"面子"のもつ対人関係の方向性により、"爱"に内向け的特質を与えられ、"爱面子"も主体指向的になってくる。"爱"から構成される複合語の"爱惜"や"爱护"もまた、"面子"と共起し、"爱护面子"や"爱惜面子"という。ただし、これらは固定した形式ではなく、安定性に欠けており、"爱面子"ほど想起されるものではなく、非典型的で周辺的（peripheral）なものとなる。このような状況は以下で検討する動詞との共起にも多く見られる。

"爱"と意味的に近い"好"で構成される"好面子"がある。"好面子"は"爱面子"とは異なり、主体が"面子"を重んずることを表している。類義の動詞との共起だと、"讲面子""看重面子""在乎面子""在意面子""顾面子"などがある。"讲面子"の"讲"はここでは交流動詞ではなく、上の"爱"や"好"のように"面子"と共起すると転義が生じてくる。このことから、慣用語化の構成要素は相互に作用しあうということが分かる。"顾面子"は内向けも外向けでもありうるので、外向けを明示するために二音節動詞との共起が用いられる（第5節を参照）。

"要面子"は"爱面子"や"好面子"と意味が近い。"要面子"は主体が面子のために努力することを言い、動詞の元々の意味特徴が保たれる。"爱面子"や"好面子"と同様に、"要面子"も顕在化した方向性を持たず、方向を表す介詞連語と共起することは難しい。これは慣用語化により構成要素が意味的にも統語的にも変化してしまう典型的な例である。類義の慣用語や共起形式にはまた、"讨面子""讨回面子""争面子""争回面子""换回面子"などがある。興味深いのは、"争"や"争回"と意味の近い"争取"が"面子"と共起しにくいことである。"争取"は"取"に意味的重きが置かれ、方向性を持つ"取"は本質には物理的空間内の移動を表す。具体的な所有関係の変化を意味するものとして、抽象的な対人関係を構成しないため、"面子"の抽象的な意味と釣り合わないのである。

"面子"のために努力した結果を表すのは"得到面子"である。条

件付きの"面子"の獲得だと、"賺面子""換来面子"ともいう。当然ながら、これらは固定化されたものではなく、周辺的な共起形式に属するため、使用するか否かの判断は文脈への依存度が高い。

（19）に挙げた内向け動詞と外向け動詞の中の貸借関係や売買関係を示す動詞は"面子"と共起するのだろうか。内向けの"买"や"借"は複合語の"凭借""借助"を作り、"买・借・凭借・借助＋人＋面子"というパターンを構成でき、（16）dの"借助他人的面子"も内向けの"面子"の表現となる。ここの"人"を用いて"面子"を修飾する現象は注意に値する。ここで表される所有関係は実質的に主体に対していう他者のことであり、上で検討した動詞が"面子"と共起する状況とは異なっている。すなわち"爱面子""好面子""要面子"などの"面子"は内向けを暗示するのに対して、"买面子""借面子""凭借面子""借助面子"などの"面子"は明示的な内向けである。明示的な内向けは慣用語や固定した共起形式にならず、一種のパターンにしかならない。このことは次の節で検討する外向けの"面子"の例にも観察される。ここで言及しなければならないのは、"买＋人＋面子"は実際、主体が"面子"を獲得するのではなく、ある種の与える行為を表すが、相手の"面子"を「受け入れる」ことを意味し、下の"给面子"をはじめとする外向けの"面子"と関わってくる。このような内向け、外向けの"面子"の相対化については、第5節で検討する。

4.2　"丢面子"

前述のように、内向けの"面子"は"得"の慣用語化及び共起が比較的活発であり、"爱面子"をはじめとする一つの小体系をなしている。興味深いのは、実際、言語運用の中では"得"の否定形が"面子"と共起することが稀なことである。"爱面子""好面子""要面子"はいずれもその否定形の"不爱面子""不好面子""不要面子"は成立しない[14]。反対意味の"失"の動詞もまた"面子"と共起することは比較的少ない。

内向けの"面子"の否定形の慣用語として、"丢面子""丢掉面子""失去面子""失掉面子"があり、基本的に同じ意味を表す。他に

は、内向けの "面子" の否定形として、第3節で検討した "面子＋述語" のような表現形式があり、"面子不好过" "面子上不好看" などがその例となる。動詞との共起形式であれ、このような文の形式であれ、ある種の結果や状態を表すものであり、主体の主観的な意志を表していない。内向けの "面子" の否定形が示すこのような限られた動詞との共起や文の形式で表現するという特徴は、5.2節で検討する外向けの "面子" の否定形と全く対照的であるが、これは "面子" に対する人間の捉え方そのものだろう。言うまでもなく、相互作用の中で自ら "面子" を放棄しようとする人はまずいないだろう。"面子" の放棄は自己の放棄を意味し、社会的な存在としての人間の価値を放棄することになるのである [15]。(17) で指摘した "面子" の内包がここからも窺える。

5. 外向けの "面子"

5.1 "给面子"

　多くの研究では、動詞 "给（give）" が世界の各言語で複雑で多様な使われ方をしていると指摘される。人間を起点と終点とした所有関係の変動という基本的な意味特徴により、"给" は必然的に外向け動詞の典型となり [16]、"给面子" も内向けの "爱面子" と同様、外向けの "面子" の慣用語の祖型となる。異なるのは、"给面子" が明示的な外向けであり、表現上、対象となる介詞連語と共起できる点である。これと類似した慣用語あるいは共起形式はみな "给面子" の型に基づくものであり、同様の言語表現上の特徴を備えている。"给予" を意味する "给"（4.2節の "丢" も）の形成が比較的遅かったという歴史上の事実からすると、"给面子" のような外向けの "面子" の観念化、慣用語化も近代中国語の後期にできたといえよう [17]。言い換えると、"面子" は長い歴史の中で絶えず意味拡大しつつ、最終的に概念化を遂げたのである。

　"给" は "A 使 B 有 C（A が B に C を持たせる）" の意味であり、"给面子" は "A（行為の主体）が B（行為の影響を受ける対象）に面

子を得させる"と解釈できる。"给面子"は"有面子"の外向け化の典型である。

　"给面子"の"面子"は"自尊心"や"荣誉"とも解釈されるが、"给面子"は"给自尊心"や"给荣誉"に言い換えられない。理由は単純で、"面子"の自尊心や栄誉との意味解釈は"给"との共起にしかできないのである。言い換えると、"面子"はこのような慣用語化の中で隠喩が拡大しつつ、概念化を完結したのである。

　"给面子"と類義的な共起形式には"赏面子"がある。"赏"は"赏赐"という意味であり、"赏面子"の主体は年長者または社会的地位の高い人に決まっており、"给面子"の対人関係を特定した言語化である。

　"给"の類義語の"送"は"送面子"と言えない。なぜだろうか。"送"は"送人情"ともいい、一種の転義用法となる。"面子"のやり取りは所有関係の変更ではなく、行為の関係者（participant）すなわち与え手と受け手の相互作用を必須条件とするのであり、第2節でふれた"面"の持つ"面対面"という意味特徴が保たれているのである。この条件を満たさない動詞は"面子"とは共起できない。"送面子"もそうであり、"赠面子"も"赠送面子"も成立しない。所有関係の変化を表す他の動詞も、例えば"发""交""递""献""还"なども"面子"とは共起しない。

　"给"と同類の外向けの動詞"留"は"留面子"という。"留面子"は相手に"面子"の保有という状態を維持させることを意味し、"留"と意味の近い動詞はすべて共起することができ、"保留面子"が例となる。第4節で"顾面子"が内向けでも外向けでもありうると指摘したが、外向けを明示するには、"顾全面子"のように二音節動詞が使われる。これも"给面子"の型に合致するものであり、"留面子"などとともに"给面子"をはじめとする小体系をなしている。

　"看面子"は外向けの"面子"の更なる抽象的な慣用語である。"看面子"と上述の"不看僧面看佛面"とは同類であり、常に相手を明示しなければならない。"看张三的面子"の如く、"看＋人＋面子"とい

うパターンと化している。これも"面子"が"面"からきていることを物語っている。"看面子"と意味が近いものに"考虑面子"がある。"考虑"は心理動詞であり、抽象的な意味の方向性を持つ"面子"と共起すると、方向性が付与され、内向けの"爱面子"の場合と似ている。ただ"考虑面子"は慣用語ではなく、一種の共起形式にすぎない。ここから、"面子"がすでに概念化を完結させ、その抽象的な方向性と合致する動詞ならすべて共起でき、極めて開放的な性格を有するものだと分かる。

"给面子"からは"给脸"を連想することができるが、"给脸"はパターン化しておらず、単発的であるが故に、"给面子"に関わる一連の慣用語や共起形式に"脸"を代替させることができない。"留脸""保住脸""看脸"などは成立しない。"脸"と"面子"の異同については6節で詳述する。

5.2 "不给面子"

"给面子"の否定形は"不给面子"である。周知のとおり、このような否定形による反対語の構成は、中国語においてよく観察される。"喜欢"と"不喜欢"も同じ例である。"不给面子"と意味が近い用例が簡単に見つけられるが、それは"给面子"と同様に、"不给面子"の型に沿うものである。"不留面子"も"不赏面子"も"不保面子"も成り立っている。

前述したように、"面子"は抽象的な社会関係を示す存在として、方向性をもたない動詞とも共起できて、ある種の抽象的な方向関係を結ぶ。内向けの"面子"の肯定形も外向けの"面子"の否定形も同じである。

象徴的な言い方として"剥面子"がある。"剥"自体は方向性がないが、"剥别人的面子"の例から見ると、"剥面子"は"不给面子"と意味が近い。異なるのは、統語上"不给面子"は間接目的語で対象を示すのに対し、"剥面子"は4.2節でふれた"借＋人＋面子"や上でふれた"看＋人＋面子"と同じ構造として、偏正構造をもって対象を示す点である。

"剥面子"よりも抽象的な慣用語や動詞結合には、"驳面子""损面子""伤面子""损伤面子""损害面子"などがある。これらの動詞はいずれも抽象化されたものである。程度の差こそあれ、いずれも"不給面子"の型に沿った共起形式であり、外向けの"面子"の否定形という小体系をなしている。

4.2節で指摘したが、内向けの"面子"の否定形共起形式は限定的である。上述のように、外向けの"面子"の否定形は逆に多様的である。なぜこれほど対照的なのだろうか。結論をいうと、外向けの"面子"の否定が内向けの"面子"の肯定に等しく、"不給面子"は主体が"得到面子"となり、否定の否定は肯定になるというロジックに合致する。"不給面子"も"剥面子"も"伤面子"も、主体にとっては"面子"の獲得になり、主体が"有面子"の状態を保てる。筆者が"面子"を人間同士の相互作用に現れる人間の一種の社会的価値と定義づけたが、結局のところ、"面子"は主体指向的である。これまで検討してきた"面子"が動詞と共起する言語表現上の特質がこの結論を裏付けている。

第4節と第5節の分析では、"面子"の隠喩すなわち概念化は、基本的に内向け・外向けの型に沿って変容してきたことが分かる。当然ながら、"维持面子""保住面子""保全面子"などのように、内向けか外向けかはっきりしない例もある。どちらにせよ、"面子"の隠喩は動詞との共起、すなわち慣用語化の多様化に伴って深まったものであり、非原型的で周縁的な共起形式は固定化する中の言語化の特例に過ぎない。

6. "面子"と"脸"

以上で、"面"の意味拡大（換喩と隠喩を含む）から"面子"の抽象化、概念化へのプロセスを調べ、内向け動詞と外向け動詞との共起による"面子"の慣用語化を検証しつつ、現代中国語における"面子"の隠喩的用法と内包を分析した。"丢面子"と同様に、"丢脸"も言うのではないかと、"面子"と"脸"の関わり方を問われると思わ

れる。

　結論からいうと、"脸"は具体名詞として、隠喩の用法は成熟しておらず、"面子"のような安定性や独立性を持たない。言わば活動的（active）なものであり、動詞との共起も整った体系をなしていない。"给脸子看"などの個別の用法を除くと、"脸＋子"は"面子"のように固定した抽象名詞になっていないのがこれを裏付けている。5.1節の最後でふれた"脸"と"面子"の区別について、もう少し詳しく検討してみよう。

　《大词典》第6巻の記述によると、"脸"も抽象的な意味を有し、抽象的な意味を表す複合語をつくることができる。

（20）a.　你不羞这脸（《水浒传》）

　　　b.　你还充有脸呢（《红楼梦》）

　　　c.　没有脸再住在这里（《二十年目睹之怪现状》）

（21）a.　脸上有光辉的事（《儒林外史》）

　　　b.　脸子都下不去（张天翼《万切约》）

　　　c.　脸面却也甚好看（《儒林外史》）

　（20）と（21）の中の"脸"とその複合語は"面子"に似た意味の解釈ができ、現代中国語の中にも確かに"赏面子"と"赏脸"という比較的意味の近い例がある。ただしこれはこれらの「血縁関係」、すなわち「家族類似性（family resemblance）」[18]を立証するだけで、"脸"が"面子"に置き換えられるということを意味するわけではない。

　《大词典》には"脸"からできた複合語がわずか50個余り掲載され、"面"の5分の1しかない。"脸"が多くは具体名詞として使用され、"面"が持つ抽象的複合語をつくる語構成力に欠け、抽象的な意味を表す際にも"面子"のように広範な意味は表せない。上で検討した"面子"が動詞と共起する例は"脸"に見られないことがこれを物語っている。

（22）a.　＊脸（的）问题

　　　b.　？有脸　？没脸

c.　＊爱脸　？要脸　丢脸　不要脸

d.　？给脸　＊不给脸　＊损脸

（22）の成立しないものから、“脸”は用法が単純で、意味内容が豊かな“面子”のように内向けと外向けというような体系を形作っていないことが分かる。「？」をつけたのは、成立するものの、文脈的に制限されたり、もしくは“面子”と意味が異なったりするものである。“有脸・没脸见人”に示されるように、“有脸”“没脸”は連動文の中でしか使えない。“给脸”と“要脸”も“给脸不要脸”という熟語としてしか使えず、意味的にも統語的にも自立性に欠けている。“丢面子”と“丢脸”は似ているが、以下の例の如く、その意味的差が歴然としている[19]。

（23）亏心和丢脸的事总是不愿意记起的（《钱钟书杨绛散文选》）

“丢脸”とは恥ずかしく感じることであり、“亏心”と意味が近いため、並列して使うことができる。一方、“丢面子”とは他者がいる中の広範で抽象的な社会的価値（（17）の“面子”の定義を参照）を失うことを意味し、子供に対して、“丢脸”とはいえるが、“丢面子”とは言えない。“面子”の社会性という特徴が窺える。

（22）の“不要脸”は逆に“面子”に成立しない慣用語である。下の例のように、“不要脸”と“爱面子”が同時に使われていることは、“脸”と“面子”が異なる範疇、異なる概念であることを示唆している。

（24）假道家的特征可以说是不要脸而偏爱面子（同上）

“不要脸”は恥知らずの意味であり、強い貶しの意味合いが含まれ、“脸”は“羞耻心”という抽象的意味を持つが、“面子”が含蓄する豊富な意味内容ほどではない（（17）の定義を参照）。“脸”と“面子”が同じものだと、（24）は相矛盾することになり、成立しないはずである。“脸”も一種の隠喩ではあるが、顔をもって人を指すという換喩から「顔が人なり」という隠喩まで拡大したのである。“丢脸”と“丢人”の類義性がこれを物語っている。対照的に“丢面子”は“丢人”を意味せず、“面子”は確立された一つの概念なのである。

7. おわりに

　近年、言語文化研究の進展に伴い、中国語語彙の文化的含意の分析が盛んに行われ、研究成果が続出している[20]。中国語語彙の民族的、文化的、歴史的含意を"国俗语义"（国俗的意味）と概念化するのが見られるが、筆者はこの考えに疑問を感じる。なぜなら、これは中国語の特徴だけを強調し、言語の普遍性を無視しかねないからである。多くの研究では、隠喩、特に身体名詞の隠喩には一定の普遍性があると明らかにされた。以上で検討した"面子"の隠喩も例外ではない。"国俗语义"の研究で言及される"给面子"も中国語独特のものではない[21]。調査によると、世界の多くの言語には"面子"と似た隠喩がある。モンゴル語、インドネシア語、イタリア語、ドイツ語などには"丢面子"に近い慣用語があり、インドネシア語とモンゴル語には"给面子"のような言い回しもあるという[22]。

　周知のとおり、中国語の"面子"の影響を受けて、日本語では"面子（メンツ）"と"面目"が借用されるだけではなく、英語にも"丢面子"と同じ意味の慣用語である"lose face"がある。日英語が"面子"を受け入れたのは、日英文化の中にも"面子"に似たような生活経験と認識のベースがあったからである。英語には"给面子"に相当する"give face"が存在せず、英米文化圏にとっては中国の"给面子文化"が理解しがたいのだろうが[23]、英米文化の人は"给面子"が全くぴんと来ないわけでもない[24]。西洋の社会でいう"自尊心（self-esteem）"は"face"と言い換えられ、"positive self-esteem"は"positive face"と置き換えられ、"negative self-esteem"は"negative face"と置き換えられ、"面子"とは軌を一にするものと解してもよいだろう[25]。

　人間の認識的普遍性は言語的普遍性に反映されるというのが、ここ数十年の認知言語学の追い求める課題である。普遍性は無数の個別性から形成されると言えるだろうが、"面子"の隠喩すなわち概念化のプロセスはこの点を立証したものである。

注

1) 林の中国語訳は《中国人》（学林出版社、1994:203-204）、日本語訳は『中国＝文化と歴史』（講談社学術文庫、1999）を参照。

2) "面子"は"得到""丢掉""争取""作為礼物送给别人"という言い方ができると、林も言葉運用の観点から"面子"の抽象性を述べている。以下の分析より、"面子"がさらに複雑で多様な言語表現形式をとり、内向けと外向けという体系をなすということが分かる。

3) 関連する問題を検討したものとして中石著《面子学》（中国対外経済貿易出版社、1998）があるので参照されたい。本文のデータはほとんどこれによる。

4) 《中国大百科全書　語言文字》では、比喩義（metaphoric meaning）と派生義（transferred meaning）が並べられている（周祖謨執筆）のもその例である。徐国慶著《现代汉语词汇系统论》（北京大学出版社、1999:230-233）では派生と比喩を区別し、派生を metonymy に似たものであるとし、比喩を metaphor に似たものであるとする概念を用いて解釈を行っている。

5) 換喩は、日本語による用語である。张敏著《认知语言学与汉语名词短语》（中国社会科学出版社、1998）及び沈家煊〈转指和转喻〉（《当代语言学》1999.1）では、これらを"转喻"と称し、転義の角度から見ると転喩は隠喩と混同しがちである。

6) 代称に関して、王力主編（1981:1365-8）が例を挙げ、"以事物的特征或标志来指代该事物，以部分代全体，以原料代成品，以具体代抽象，以地代人，以官代人，专名用通名"といった現象に言及している。

7) Goatly（1997:32）は metaphor を "Dead, Dead and Buried, Sleeping, Tired, Active" という五つに分類する。"面子"の概念化は確立してはいるが、その用法が固定されるという意味ではない。第4節と第5節での記述から分かるように、"面子"は依然として活発に慣用語化している中にある。

8) 潘（1989:51-52）を参照。

9) 範疇化（categorization）及び身体名詞の隠喩に関しては、Heine, et al.（1991）、Foley（1997）及び Goatly（1997）を参照されたい。

10) 《大词典》第12巻及び王贵元・叶桂刚主編《诗词曲小说语词大典》（群言出版社、1993:384）と高文达主編《近代汉语词典》（知识出版社、1992:546-547）より引用。ここの例以外に、"颜"及び"颜色"と"颜情"などと下の"脸"と同様、"面子"と意味的に繋がっているが、現代中国語にはその用法が見られないため、"颜"の分析は省略する。

11) 郭良夫著《词汇与词典》（商务印书馆、1990:20）を参照。"子"については蒋冀骋（1991:39-40）を参照されたい。

12) 陈晨ら編著《简明汉语逆序词典》（知识出版社、1986）より引用。

13) Teng, Shuo-hsin 著 *A Semantic Study of Transitivity relations in Chinese.*（University of California Press, 1975）を参照。

14) "哪有不爱面子的"という反問文という特殊な文脈では成立するが、一般的な共起形式ではない。

15) 従って中国人だけが"面子"を重んずるという言い方は客観的ではなく、"面子"に対する歪んだ理解によるものである。この点に関しては結論のところで再びふれる。

16) "給"の特徴に関しては、Newman, J. 著 *Give: A Cognitive Linguistic Study*. (Mouton de Gruyter, 1996) 及び拙著（2000）を参照されたい。

17) 《大词典》では"給"の最も古い例は宋代に見られ（第9巻）、"丢"の最も古い例は元代に見られる（第2巻）。

18) family resemblance について Heine, et al.（1991:227）を参照。

19) 《词典》では"丢脸"を"丧失体面"と、"丢面子"を"丢脸"という意味であると解釈しており、納得しがたい。

20) 杨琳《汉语词汇与华夏文化》（语文出版社、1996）と崔希亮《汉语熟语与中国人文世界》（北京语言文化大学出版社、1997）など。

21) 王德春主编《汉语国俗词典》（河海大学出版社、1990）を参照。「国俗語意」に関しては王德春の〈国俗语义纵横谈〉（『大河内康憲教授退官記念中国語学論文集』、東方書店、1997）を参照されたい。

22) 亜細亜大学慣用句比較プロジェクト編『目は口ほどものを言うか？』（三修社、1998）を参照。

23) Pye, Lucian W 著 *Chinese Negotiating Style*.（Quorum Books. 1992:101）を参照。

24) 筆者は英国人同僚の Goldsbury 教授と"给面子"について議論した際、Goldsbuly 教授が"I can imagine it."と発言された。

25) Foley（1997:269-275）を参照。

第5章　借用語の"文化"

1. はじめに

　余秋雨著《文化苦旅》の"内容提要"には、僅か400字ほどの分量の中に、"文化"ということばが10回も使われている。"中国文化""江南文化"の他に、"文化散文""文化灵魂""文化人格""文化良知""文化走向""文化感慨""文化感悟力"というような、馴染みが薄いものもある。中国語の"文化"は、どういう意味なのか、改めて考える必要がある。

　歴史的に見ると、近代日本語からの借用語とされるこの"文化"は、借用された当時には、"文化散文"などのような用法を持たない。Cultureまたはドイツ語のKulturの概念を導入する際、「文治教化」を意味していた中国古典の"文化"に新しい意味が付与されたものとしての「文化」が日本語に定着したのは、20世紀に入ってからのことである。にもかかわらず、逆輸入の"文化"はどのようにして冒頭のような多様性のある使用に至ったのか、語彙化の問題として興味深い。本章は、中国語における"文化"の受容と変容のプロセスをたどり、主として句や複合語（以下語句という）の構成機能の変動に見る意味変化を記述しながら、語彙の形成と変化の動機づけを求めようとするものである。

　本章の構成は、次のようになっている。第一に、啓蒙思想家梁啓超の作品から"文化"を調べる。"文化"の同類語である"文明"の使用や、"文明"と"文化"の混在及び"文化"の固定した用法を調査し、現代中国語における"文化"の成立の一端を描く。第二に、毛沢東著作からデータを集め、梁啓超の"文化"と比較し、その使用に見られる意味変化を記述し、その理由を考える。第三に、改革開放路線に転じた"新時期"において、特に文化研究が盛んだった「文化論

ブーム」のなかで、"文化"がどのように用いられていたかについて
記述し、さらなる多様な用法に見る"文化"の特徴の説明を試みる。
最後に、"文化"の語彙化のプロセスをまとめ、概念と語彙の相関関係
に着目し、内包と外延の変動を伴う概念化は、語彙化または意味変化
の過程に伴うものであり、その動機づけでもあるという結論を導く。

2. 梁啓超による "文化" の受容 [1]

　梁啓超（1873-1928）は、千数百万字の著作を残しており、当時の
若者をして "可以说没有一个没有受过他的思想或文字的洗礼的" と郭
沫若が論評するほど [2]、現代中国語の形成に対して大きな影響を与え
ている。梁啓超の著作は、1896 年から 1911 年までの第 1 期と、
1912 年から 1917 年までの第 2 期、そして 1918 年から 1928 年まで
の第 3 期という三つの時期に分かれている [3]。啓蒙思想家として、梁
啓超はさまざまな問題を取り上げ論を展開していたが、1922 年に
《什么是文化》を公表し、文化論の先駆者の役割をも果している。
　《什么是文化》では文化の定義が与えられ、今日の人類学の文化概
念（2）と幾分相違があるものの、かなり包括的なものといえよう。

（1）文化是包括人类物质精神两面的业果而言。（略）人类欲望最低
　　限度，至少也想到 "利用厚生"；为满足这类欲望，所以要求物
　　质的文化如衣食住及其他工具等之进步。但欲望决不是如此简单
　　便了，人类还要求秩序，求愉乐，求安慰，求拓大；为满足这类
　　欲望，所以要求精神的文化如言语、伦理、政治、学术、美感、
　　宗教等。这两部分拢合起来，便是文化的总量。

（2）Culture, in anthropology, the patterns of behavior and
　　thinking that people living in social groups learn, create,
　　and share. …A people's culture includes their beliefs, rules
　　of behavior, language, rituals, art, technology, styles of dress,
　　ways of producing and cooking food, religion, and political
　　and economic systems.（Bodley, 2000. Culture. In: Microsoft
　　Encarta Reference Suite 2001） [4]

しかし、梁啓超の"文化"の概念化、語彙化は一朝一夕にできたのではなく、連続性のあるプロセスであった。同類語の"文明"からそのプロセスをたどってみよう。

2.1 "文明"の使用

Civilization の翻訳語としての"文明"は、最初の出自が不明だが、梁啓超の第1期著作にすでに固定した用例が観察され、1905年ごろの詩歌にも用いられている。

(3) a. （中国）則数十年其強亦与西国同，在此百年内进于文明耳

  b. 譬之有文明百分，今则中国仅有一二分（1897《与严幼陵先生书》）

(4) a. 价换头颅金十万，民权演说发文明

  b. 君看欧罗今世界，几回铁血买文明[5]

"文明"は様々な語句を構成し、統語範疇も多様化している。名詞の例を見てみよう。

(5) a. 文明灿烂　文明盛　文明弱　文明停顿　文明普及　文明发达　文明破灭

  b. 传播文明　发生文明

  c. 人类文明　地球文明　世界文明　罗马文明　欧洲文明　西洋文明　东方文明　新文明　中国文明　精神的文明　物质文明　高等文明　古代文明　旧式文明　现代文明

(5)a は主述構造であり、(5)b は動賓構造であり、(5)c は偏正構造である。(5)c に見られるように、さまざまな限定語との結合により、"文明"は具体化されたり、新しい概念（複合語）を生み出したりするが、それ自体は外延の大きい概念として存在している。

"文明"はまた修飾語（modifier）として使われ、形容詞化している。

(6) a. 今之所谓文明大业者，自他日观之，或笑为野蛮，不值一钱矣

  b. 凡愈野蛮之人，其婚姻愈早；愈文明之人，其婚姻愈迟（1902《新民议》）

(7) 文明之政治　文明之社会　文明之精神　文明事物　文明世界
　　文明时代　文明人类　文明事业　文明程度　文明动力　文明思
　　想　文明国　文明国民　文明人
(8) 吾欲申言野蛮专制与开明专制之异间（1906《开明专制论》）

(7) には"文明人"のようにまとまった概念を表す複合語もある
が、副詞"甚""最""极""愈"で修飾することや、形容詞"幸福"と
並列構造を構成したり、(8) のように形容詞"开明"も"文明"と同
様に"野蛮"と対義関係を構成したりすることから見て、"文明"の
形容詞の性格が明らかである。

"文明"はさらに動詞としても使われる。

(9) 故吾愿发明西人法律之学，以文明我中国（1896《论中国宜讲
　　求法律之学》）

以上から、"文明"の概念は、十九世紀末期から二十世紀初頭にか
けて確立され、言語的には統語範疇が多様化していることが分か
る。後述するように、梁啓超の"文化"は、"文明"のような多様な用法
を持たないのが対照的なところである。

2.2　"文化"の登場と定着

"文明"とほぼ同じ時期に、"文化"はすでに登場していた。

(10) 昔者统治中国之异种，皆游牧贱族，无有文化，故其入中国
　　也，不能化中国，适为中国所化耳（1899《论中国人种之将
　　来》）

(11) 又雅典人所自负者，与全希腊文化之中心点集於其国也
　　（1902《论教育当年宗旨》）

(12) 今举广东对于世界文化上所贡献者如下（1905《世界史上广
　　东之位置》）

上の例を見る限り、名詞として"文化"は"文明"とほぼ同じ意味
合いで使われ、梁啓超は二つの概念を同一視しているといえる。これ
は第2期と第3期を通じて見受けられる。

(13) a. 则世界上一切文化，皆人类战胜自然界之卤获品

　　　b. 孤独生活者而能致文化之发生者，未之前闻也（1915《菲

斯の人生天職論述評》）

(14) a. 欧洲现代文化不论物质方面、精神方面，都是从"自由批评"产生出来

b. "一个国民，最要紧的是要把本国文化发挥光大（略）就算很浅薄的文明，发挥出来，都是好的"

c. 是拿西洋的文明来扩充我的文明，又拿我的文明去补助西洋的文明，叫他化合起来成一种新文明

d. 把自己的文化综合起来，还拿别人的补助他，叫他起一种化合作用，成了一个新文化系统（1920《欧洲心影录节录》）

(14)a の "现代文化" を "现代文明" に置き換えても何ら違いは生じないし、(14)b は同じ文脈でありながら、"文化" と "文明" が交互に使われている[6]。(14)c と d では、"一种新文明" と "一个新文化系统" は同じことを指して言っている。(15) の "文化" で構成される語句の例を見ても、"文化" と "文明" には互換性があることが一目瞭然である。

(15) a. 文化灿烂　文化发展　文化渐开　文化普及　文化消沉

b. 传播文化　破坏文化

c. 人类文化　世界文化　中国文化　东方文化　物质文化　高等文化

"文化" と "文明" の混用は、概念の未分化に見られる語彙の未分化または混同現象と言える。周知のとおり、そもそも人類学の父とされるタイラーは、文化と文明を同一視している[7]。実際、梁啓超にも "文明或文化" のように二つを連ねる例が見られる。

(16) 吾所谓文明或文化者，道家一切悉认为罪恶之源泉（1922《先秦政治思想史 (2)》）

ところで、梁啓超の "文化" には、"文明" と区別がつくような用例も観察され、少しずつ異なった方向への概念化、語彙化が進んでいる。

(17) a. 本刊所鼓吹，在文化运动与政治运动相辅并行

b. 本刊所鼓吹，在使文化运动向实际的方面进行（1920《〈改

造〉发刊词》)

（18） 但算起总帐来，革新的文化，在社会总是有益无害。因为这种
走错路的人，对于新文化本来没有什么领会（1921《辛亥革
命意义与十年双十节之乐观》）

（19） 只能用来横断新旧文化，不能用来纵断东西文化（1922《科
学精神与东西文化》）

（17）a に示すように、"文化"は政治と関連する概念として用いられ、また（17）b は "政治运动"が "实际的方面"と言い換えられるように8)、"文化"の観念的な側面が強調されている。（18）と（19）の "文化"は新文化運動という社会背景の下で捉えられたもので、いわゆる "新文化"とは、新思潮を意味し、"新文明"とはならないであろう。梁启超の "新文明"になかった "文化"の語句を見てみよう。

（20）a. 外国文化　外来文化　社会文化　传统文化

　　　b. 文化内容　文化国民

（20)a の "文化"を "思想"にでも置き換えることができ、精神的存在としての "文化"として読み取れる。（20)b は "文化"をもってあとにくる名詞の属性を示しており、（7）の "文明国民"と "文化国民"を見比べると、"文化"はより抽象的で多様な解釈が可能である。（21）のように、人間活動の一範疇を示すものがあるが、それは多様な解釈の一つであり、"文明"にそのような指示機能は備わっていない。

（21） 将来无论在政治上，或教育上，或文化上，或社会事业上……
乃至其他一切方面，你都可以建设你预期的事业（1927《北
海谈话记》）

梁启超の千二百編ほどの作品を検索調査したところでは、"文明"は160 編ほどの中に 700 箇所ぐらい出現しているのに対し、"文化"は100 編ほどの中に約 600 回使われている結果が出ている。そして、第 1 期と第 2 期で "文明"が多用されているのに対して、第 3 期では、"文化"が多用されているという結果も得られた。これは、時代

の遷り変わりに伴い、“文化”概念の定着と多様化を意味すると理解して間違いはないだろう。次で見る毛沢東においては、“文化”が頻出するのに対して、“文明”はほとんど出ていないということも、このプロセスの存在する事実を物語っている。

2.3 “文化”の由来

一般的に梁啓超の“文明”も“文化”も日本語からの借用とされる [9]。日本語における「文明」と「文化」の形成がこのことを裏付けるので、少しばかりそれを見てみよう。

生松（1968）と柳父（1995）によると、明治後半頃、例えば夏目漱石にはすでに「文化」が現れていた。

(22) a. 今ノ文化ハ金デ買ヘル文化ナリ（1901「断片」）
     b. 西洋の文化から自らが得来つた趣味（1905「戦後文学の趨勢」）

(22) の「文化」は、福沢諭吉が明治時代に入る直前に創った「文明開化」の略か「文明」の代用に過ぎず、今日の文化概念の原型と認められる「文化」は、西洋語の翻訳語として、大正期の文化主義・教養思想の隆盛に伴い、大正初期（1915 年頃）から生まれたことばといわれる。上で見た梁啓超の“文化”のプロセスから考えても、この分析は間違いないだろう。(1) に示したように、梁啓超が“文化”を本格的に取り上げ、初めてその概念を定義したのは、日本の大正末期の 1922 年なのである。《辞源》の《正編》ではなく、1931 年に出版された《続編》に“文化”が登場していることから、“文化”が一般化されたのは、日本より数年遅れた 20 年代からのことといえよう。

ところで、柳父も指摘したように、西洋語の翻訳語としても、中国古典における文武対立の中の“文化”の含みは完全には失われていない [10]。梁啓超の第 1 期著作には“文化”が文武対立と感じさせる例が存在する。

(23) 論者曰，雅典为文化之祖国，斯巴达为尚武之祖国（1902《斯巴达小志》）

(24) 同为历史的人种也，而有世界史的与非世界史的之分。何谓世

界史的？其文化武力之所及，不仅在本国之境域，不仅传本国
之子孙，而扩之充之以及域外（1902《新史学》）

"文化"と"尚武"、"文化"と"武力"が対峙するが如く、(23) と
(24) の"文化"は、(25) のような"文徳教化"や"文治教化"とい
う古典語と意味的につながっていると見て取れる。

(25) a. 凡武之兴，为不服也；文化不改，然而加诛（《说苑》）
　　　　（文もて化して改めず、然るに後に誅を加ふ）

　　　b. 文化内辑，武功外悠（束皙（？-300）《补亡诗》）
　　　　（文化内に輯り、武功外に悠なり）

　　　c. 设神理以景俗，敷文化以柔远（王融（468-494）《曲水诗
　　　　序》）[11]
　　　　（神理を設けて以て俗を景にし、文化を敷きて以て遠きを
　　　　柔く）

陳望道が 1923 年に書かれた《谈新文化运动》のなかで述べた"文
化"の解釈が、梁啓超の"文化"と古典語の"文化"の関連を理解す
るには示唆的である。

(26) "文"是"野"之对；"化"即是"教化""感化"的"化"，无
　　　非"变化"的意思。所以"文化"一词，说来也甚简单，指其
　　　动状不过"化野得文"的历程，指其静状不过是"化野为文"
　　　的结果。[12]

「"化野得文"的历程」は、元々「自然を換えていく」を意味する
Culture とも、"文徳教化"や"文治教化"とも繋がることであり、
「"化野为文"的结果」は梁啓超が言う"人类物质精神两面的业果"そ
のものである。換言すれば、梁啓超の"文化"は、日本語を経路とし
たのであろうが、日本語と同じように、古典語と意味的に繋がりを保
ちながら新語として生まれ変わったのである。

3. 毛沢東における"文化"の変容

《毛泽东选集》を調べると、梁啓超の"文化"と同じような用法の
ものも少なくない[13]。

(27) 看不起中国文化的时代应当完结了。(略) 这种中国人民的文化，就其精神方面来说，已经超过了整个资本主义的世界（1405）

(28) 中国人被人认为不文明的时代已经过去了，我们将以一个具有高度文化的民族出现于世界（第 5 卷 6）

（27）の"中国文化"は総称して使われ、（28）の"高度文化"は"高度文明"のことである。梁啓超以来定着した"文化"は毛沢東においても受け継がれていることが示されている。同じような構造の語句が多く、梁啓超の著作に存在したものもある。

(29) a. 现代文化　古代文化　历史文化　新文化　旧文化　大众文化　农民文化

　　 b. 文化史　文化典籍　文化领域　文化问题　文化运动

梁啓超の作品においては、"文化运动"が示すように、"文化"はすでに観念形態として捉えられていたが、しかし（27）の"中国人民的文化"に見えるように、毛沢東の"文化"は梁啓超のそれをさらに発展させ、異なった概念化が進んでいる。結論を先に言ってしまうと、毛沢東は"文化"の観念的な側面を強調し、イデオロギー的な存在として捉えていたのと、伝統的な文武対立の概念として"文化"を理解し、精神活動に関わる文学芸術ないし知識を"文化"で指し示していたということである。異なった概念化の結果として、言語上の変容も際立っており、"文化"には意味の縮小化、特殊化が起きている。

3.1 "学文化"

まず次の例を見よう。

(30) 我们的工农干部要学理论，必须首先学文化。(略) 这些文化课学好了，到处有用（776）

(31) 提高会计员的文化、技术的好办法（第 5 卷 254）

（30）の"学文化"と"文化课"における"文化"は、教科書的知識や基礎教育を意味し、意味変化の縮小化、特殊化の例である。（30）のような熟語化されたもの以外に、（31）のとおり、"文化"が同じ範疇の"技术""知识"と並列するのもその特殊化の例になる。

そして、この意味での"文化"はまた偏正構造の前項すなわち限定語として働くが、ほとんど複合語に近いものを構成する。

（32）　文化水平　文化水准　文化程度　文化的军队　有文化的劳动
者

梁啓超においても"有文化"が数回使われたが、（33）のようにそれは社会や民族の集団に対していうことであり、毛沢東が個人個人の評価に用いられているのとは対照的である。

（33）　我们这个民族，有无文化。如有文化，我们此种文化的表现何
在（1927《儒家哲学》）

日本語の「文化」も、知識や基礎教育の意味合いが欠けており、毛沢東の"文化"の変容を裏付ける。

魯迅、茅盾、郭沫若、冰心、沈从文、老舎の作品を収録した《中国現代文学名著経典（1）》を検索調査したところでは、"文化水平""文化程度""学文化""有文化"の用例は、梁啓超と同様に、魯迅、茅盾、郭沫若には見られず、冰心、沈从文、老舎の解放後の作品にしか出ていないことが分かった。"学文化"や"文化水平"などは、今のところ毛沢東が生み出したものとは断言できないが、上のような"文化"の意味的縮小化、特殊化は毛沢東において定着したものと言うことができよう。

3.2　"文化生活"

毛沢東においても、"文化"をもって人間活動の一領域を指すことがある。

（34）　它控制了全中国的政治、经济、交通、文化的枢纽或命脉
（173）

（35）　进行大规模的经济建设和文化建设，扫除旧中国所留下的贫困
和愚昧，逐步地改善人民的物质生活和提高人民的文化生活
（第5卷9）

（34）と（35）は、文学芸術を主とする精神活動またはその成果を指し示しており、（35）の"文化生活"は正に文芸を楽しんだりする精神的活動のことである。この解釈の"文化"は梁啓超では固定して

おらず、"文化建設" も "文化生活" も見当たらない。これは便利で高級な生活を意味する日本語の「文化生活」とも対照を成していて興味深い。考えてみれば、この "文化" も古典語の文武対立の "文化" の捉え方から生まれたものといえよう。次の例がこれを立証してくれる。

(36)　在我们为中国人民解放的斗争中，有各种的战线，就中也可以说有文武两个战线，这就是文化战线和军事战线（804）

"文武戦線" は正に "文化内輯，武功外悠" の発想であり、その "文化" は古典語の甦りとみなすことができよう。この "文化" で構成した語句は毛沢東に多く見られる。

(37)　文化机关　文化团体　文化界　文化人　文化工作者　文化生力军　文化食粮

今日もよく目にする、"文化" で命名される文学芸術に関係する組織・機関の名称もこれを元にできたものであろう。

(38)　文化部　文化局　文化厅　文化馆　文化宫　文化站　文化中心　文化俱乐部

3.3　"革命文化"

上の文学芸術活動などを意味する "文化" をさらに観念化し、観念形態として捉えられるものがある。もう一つの "文化生活" の例を見てみよう。

(39)　人的认识，在物质生活以外，还从政治生活文化生活中（与物质生活密切联系），在各种不同程度上，知道人和人的各种关系（260）

"文化生活" は "政治生活" と並べられている以上、その範疇的関連性が認められる。梁啓超においても観念的に "文化" を捉える例があったが、毛沢東の場合は、より鮮明になっており、政治的概念としての "文化" が固まっている。

(40)　现阶段的中国新文化，是无产阶级领导的人民大众的反帝反封建的文化（812）

(40) の "文化" は明らかに思想のことばとして用いられ、梁啓超

の文化概念と異なった政治概念である。同じ読みの名詞の語句を見て
みよう。

(41) a. 帝国主義文化　封建文化　反動文化　进步文化　革命文化
　　　b. 文化革命　文化革命运动　文化围剿　文化剿共　文化侵略
　　　　 政策

(41) には特殊な時代を背景に生まれたものがあり、"文化围剿" な
どのような死語もあるが、観念形態としての "文化" は毛沢東におい
て固定化しているといえる。これは文化大革命が終結する 70 年代ま
で及んでいる。"文化大革命" は、"触及人的灵魂的革命"（「人の魂に
ふれる革命」）であり、政治運動であった。この政治運動を "文化"
をもって規定することからして、"文化" の観念的、イデオロギー的
な性格がよく分かる [14]。

　ところで、毛沢東は 1940 年の《新民主主义论》の中で、"文化"
について次のように述べている。

(42)　一定的文化是一定社会的政治和经济在观念形态上的反映
　　　（655）

(42) は毛沢東の「文化観」を反映したものであり、梁啓超の "文
化" とは違う範疇の概念である。上でみた用例は、毛沢東のこういう
文化概念を反映した言語上の事実にすぎない。毛沢東は、"文化" に
対しては、適応体系、概念体系、象徴体系といった、人類学のような
総体的な把握ではもちろんなく、政治、革命、軍事、経済などといっ
た、革命運動や社会主義国家建設に関係する概念と常に関わりなが
ら、その観念的な部分に着目して捉えていたのである。革命運動や階
級闘争のリーダーとして、毛沢東は文明論・文化論よりも、その実践
の指針を示すために言語活動を続け、一種の「実践哲学」を展開して
いたので、このような "文化" の概念化の方向づけも自然な成り行き
だったのであろう。

　さて、同じ中国語文化圏の台湾では、社会主義中国でいうところの
"文化" ということばの理解が困難な一面を見せている。台湾で出版
された中国出版公司編印《中共术语汇解》（1972）のなかには、"文

化革命""文化学习""社会主义文化大革命""无产阶级文化大革命""东方文化主义""新民主主义文化"などを挙げ、解釈を加えている。これは、梁啓超から見た、毛沢東における"文化"の変容の事実を物語る例にほかならない。

4. "新時期"以降の"文化"

　梁啓超と毛沢東の"文化"概念は複雑な意味内容を有するものだが、現代中国語に定着しており、より包括的な解釈と見られる今日の文化概念に色濃く反映されている。

(43)　（文化）人类在社会实践过程中所获得的能力和创造的成果。
　　　（略）广义的文化总括人类物质生产和精神生产的全部产品。狭义文化指精神生产能力和精神产品，包括一切社会意识形态，有时又专指教育、科学、艺术、卫生、体育等方面的知识和设施，以与世界观、政治思想、道德等意识形态相区别，文化中的积极成果作为人类进步和开化状态的标志，便是文明。
　　　（1988《中国大百科全书 哲学》）

　ただ、ことばの平易さや政治的な力などのために、梁啓超よりも、現代中国語の形成と変化に与えた毛沢東のほうがその影響は計り知れないものがある[15]。毛沢東の"文化"は根強く、知識を意味する狭義の"文化"がかなり優勢を保つのがその一例である。80 年代初頭、人文学者金克木が"文化"と"书本知识"の区別をわざわざ断るのもその一端を窺わせる[16]。

(44)　调查研究人类的或一个民族的文化（不是指书本知识），又是由来已久

　しかし、「新時期」に入ってからは、文化問題が新たに提起され、いわゆる「文化論ブーム」の中で、新しい概念の導入や伝統復帰の提唱により、多様な概念化と共に、冒頭の例の如く、"文化"は新しい語彙化の動きを見せている。

4.1　"文化"概念の多様化

　1988 年に出版された金哲等主編《当代新术语》（上海人民出版社）

には、"文化"が中心語となっている新しい術語が20個ほど収録されている。

（45）　不生育的文化 Child-free Culture 计算机文化 Computer
Culture 动态文化 Mobil Culture 同喻文化 Co-figurative
Culture 闲暇文化 Leisure Culture 青年文化 Adolescent
Culture 审美文化 Esthetic Culture 显示文化 Overt Culture
前喻文化 Pre-figurative Culture 校园文化 Campus Culture
留置文化 Stored Culture 离心文化 Centrifugal Culture 隐
示文化 Covert Culture

同様に、"文化"が修飾語となっている術語も20個ほど掲載されている。

（46）　文化丛 Cultural Complex 文化心态 Cultural Mental State
文化主题 Cultural Theme　文化取代 Cultural Substitution
文化抗阻 Cultural Resistance　文化剥夺 Cultural
Deprivation　文化差异 Cultural Variation　文化退化
Cultural Devolution　文化核心 Cultural Core　文化景观
Cultural Landscape　文化重组 Cultural Reformulation　文
化整合 Cultural Integration　文化积累 Cultural
Accumulation

上はいずれも Culture が介在している概念の翻訳語である。言葉の適用範囲の修正を通じて人間は概念を習得するのだが、発生的に見れば、言葉の適応範囲、すなわち外延の拡大に伴い、言葉の意味内容、すなわち概念の内包は、修正され変動されるはずである。換言すれば、概念化と語彙化が相互作用・相互補完の一体のプロセスとなっている。"文化"の多様な組合わせにより、外延的にも内包的にも変化が見られるプロセスがこの考えを立証する。

4.2　"电视文化" [17]

今まで見たように、語句を構成する場合、前項にしても後項にしても、"文化"は幅広く使われ、かなり開放的であり、それは今も継承されている。前項と後項を分けてみると、並列構造はさておき、動賓

構造や偏正構造を構成する後項の場合は、“文化”の意味解釈に変わりがない例が多い。動賓構造の例を挙げると、

（47）　弘扬文化　普及文化　扼杀文化

があるが、“文化”は働きかける対象物として思い起こされ、“文化”と連想関係にある観念またはその下位概念、包摂概念を示すもの、例えば“历史”“传统”“社会”“精神”“文明”“艺术”“知识”などに代替でき、比較的具体的なものであり、従来の“文化”の運用とみなされる。偏正構造にも同じことがいえる。

（48）　炎黄文化　华夏文化　中华文化

（49）　大众文化　传统文化　古老文化　古典文化　灿烂文化

（50）　饮食文化　酒文化　茶文化　电视文化

（48）は“中国文化”の言い換えであり、総称としての“文化”の含意は変わっていない。（49）は必ずしも類概念のメンバーを示すものではないが、広義概念の“文化”の範疇のどれかを指すのがほとんどである。“中国文化”も“大众文化”も広義概念の“文化”を相対的に実体化させたもので、“文化”のメンバー（事例）である。（50）に注目したい。梁啓超にも毛沢東にも見当たらない例ばかりである。人類学においては、“文化”は包括的な概念であり、人間活動のすべてが文化とみなされる（(2)を参照）。“电视文化”などでは、前項が後項の“文化”を限定するもの、すなわちそのメンバーとして見てもよいが、“文化”は前項を総体的に把握するための概括であり、文化学的にみるものはすべて“…文化”となる。“文化”は形態化され“主义”などのように、準接尾辞の振る舞いをしているといえる。文化人類学の“文化”概念の浸透と深化がなければ、こういう言語上の変化は見られなかったであろう。

4.3　“文化人格”

　前項の“文化”である。前項の“文化”は基本的に主述構造と偏正構造を構成する二つである。主述構造の場合は、上の動賓構造と同様に比較的単純である。

（51）　文化活跃　文化发展

のように、広義にせよ狭義にせよ、"文化"なりの指示機能が果たされており、それほど変動は見られない。問題は、冒頭でふれた偏正構造の前項にくる場合の"文化"である。

"文化"は修飾語として働くと、外延が示されない場合があり、意味解釈のゆれが生じてくる。以下、"文化"の修飾を受ける名詞の性格を分析しながら、梁啓超と毛沢東に見られなかった"文化"の解釈を試みる。

（52）のとおり、"文化广告"など梁啓超にも毛沢東にも見られない結合がある。これは、後接する名詞の性格によるもので、"文化"自体は変わっていないという受け止め方も可能だが、"文化"の意味解釈は一定しない。"文化广告"は、文化事業関係のものでも文化的雰囲気のものでもありうる。"文化"は明示的意味に加え、明らかに副次的意味（connotation）も持ち合わせるようになっている[18]。

（52）　文化市场　文化企业　文化产品　文化广告　文化热线　文化
　　　　社区　文化效应

一方、副次的意味しかない"文化"の例も挙げられる。

（53）　文化小学　文化书店　文化广场　文化大街　文化商店

（53）は毛沢東時代からの固有名詞の例だが、"文化"には明示的意味を見出せない。

副次的意味の増強を示す現象がさらには、"文化"が人を修飾する例から観察できる。

（54）　文化名人　文化活动家　文化学者　文化先贤　文化顾问　文
　　　　化明星　文化精英　文化佳人　文化贩子　文化杀手

"文化学者"の"文化"は概念的に解釈でき、明示的意味を有するのだが、"文化明星"や"文化佳人"における"文化"の指すところは不明である。"明星"や"佳人"は"文化"によって分類されるものとは考えられない。ここでは、"文化"の副次的意味を生かし、そのイメージを喚起させるものといえる。近代的、欧米風、便利さなどを副次的意味として含めて使われている、日本語の「文化住宅」や「文化鍋」「文化包丁」と同じ発想で、"文化佳人"の"文化"は、「文

化的」である。副次的意味に堕落した、知性や教養といった元々持ち合わせた古語の意味合いの活用でも増強でもある例である。梁啓超にも人間を"文化的动物"と呼ぶような使い方があったが、その復活拡大である。この点は、人間の性質や活動などと関連を有することばと結合した例においては、もっと顕著に現れてくる。

(55) 文化地位　文化人格　文化远见　文化品位　文化尊严　文化
　　　精神　文化灵魂　文化良知　文化思考　文化感慨

"电视文化"などと違い、人間の抽象的な性質や精神活動などを、人類学の"文化"概念をもって範疇化することはまずない[19]。"文化灵魂"においては、"文化"は"灵魂"のメンバーではもちろんない。"文化灵魂"は、"具有文化精神的灵魂"と解釈できるように、"文化"はその中心語で示される物事の性質を描写しており、"文化"は述語に似通った振る舞いをする。このことは、さらなる抽象的な名詞や比喩的に使われる名詞と語句を構成する例からも分かる。

(56) a. 文化生态　文化形态　文化结构　文化层次　文化内涵　文
　　　　 化领域　文化现象
　　　b. 文化环境　文化空气　文化含量　文化沙漠　文化的旗帜
　　　　 文化的桥梁　文化的声音　文化的门外

(56) a は文化人類学関連の用語であり、まとまった概念にはなっているが、"文化"概念の導入・拡大に伴う言語上の変動の事実を示している。(56) b は物理的存在を表す名詞だが、"文化"概念の内包を象徴的に表現する役割を果たしており、"文化"への解釈もそれによりイメージ的、象徴的になり、副次的意味が豊かになってくる。

ところで、同じ名詞の語句を構成する前項でありながらも、実質的には、連用修飾語や補足語として働くとみなされる例がある。

(57) a. 文化熏陶　文化专制　文化霸权
　　　b. 文化研究　文化交流　文化普及　文化传播　文化剖析　文
　　　　 化消费

(57) a は「文化的に」または「文化のほうで」と解釈でき、(57) b は動賓構造を反転させたようなものもしくは主述構造のものである

が、明示的意味が表され、先の副次的意味の用例より概念的解釈が求められやすい。これは、逆に連体修飾語として機能する場合の "文化" には副次的意味が生じやすいということを裏付ける。

　くりかえし言うと、物事の属性を表す属性形容詞のような振る舞いをするのが、修飾語としての "文化" の特徴といえよう。梁啓超にすでに見た "文明" のような、形容詞とは認めがたいものの、修飾語の特徴から、区別詞や非述語形容詞と並んで、属性語または準形容詞といえよう。従来、"很" などの程度副詞で修飾できるか否かが形容詞をテストするのだが、（58）の例のとおり、"很文化" はそのうち定着してくるかも知れない。

（58）　这种 "很文化" 的 POP 商品诞生的同时，相应就产生了一种 "文化时间"（《文汇报》1992, 5, 10）[20]

5. おわりに

　"文化" は 20 世紀のことばである。文化の概念化、語彙化は、日本において 20 世紀初頭から行なわれたのである。中国におけるドイツ語や英語の文化概念の導入は、梁啓超などによる日本語からの借用から始まり、文化問題に取り組む新文化運動という社会背景の下で、"文化" は変容しつつ定着していった。毛沢東著作に見られるように、"文化" は、革命または政治の思想と深いかかわりを持つことばとして、イデオロギーまたは思想としての概念へ変貌を遂げる一方、中国古来の文武対立の考え方が生かされ、"文化" は "文" の意味合いが強調され、知識または文芸（活動）を指す、という特殊化、縮小化の意味変化が起こっている。改革開放路線に転じて以来、文化研究が再燃し、文化論ブームの中で、文化人類学の "文化" 概念が広がり、より広範囲で包括的な "文化" の使用が観察され、縮小化、特殊化の "文化" と並行し、拡大化、一般化という意味変化の現象が観察される。意味拡大された "文化" とあいまって、副次的意味を顕在化させた使用が頻出する。それは統語的には名詞としての修飾語機能が拡張され、形容詞化にむかうことに端的に現れる。

意味はイコール概念ではもちろんない。しかし、抽象名詞“文化”の語彙化のプロセスから見ると、概念化が語彙の形成と変化、すなわち語彙化を引き起こす動機づけの一つであり、概念は語の明示的意味そのものである。意味と概念の相関関係が明快に示された次の考え方には納得できよう。

（59）　…the word horse has a direct link only with the concept HORSE.（Cruse, D. A.）

　ただし、意味は概念を超越した、副次的意味または感情的意味が付随する言語的な機能を持つものである以上、言語要素としての語彙は当然概念と乖離し、言語的振る舞いを見せるものでもある。“文化人格”や“文化佳人”などの例に注目すると、概念の把握ができていても、意味の把握が保証できない、とでも言おうとする次のことばには、頷けるのではなかろうか。

（60）　You may possess the concept of an uncle yet not know the meaning of the English word uncle.[21]

注
1)　梁啓超のデータを調査するにあたり、李华兴、吴嘉勋（1984）、北京大学出版社北大未名科技文化发展公司《梁启超著述及研究文献全文光盘》（1998）、北京出版社《梁启超全集》（1999）などを参考している。
2)　钟叔河（1985）437 頁を参照。同じ時期の知識人、文化人の“文化”使用を今回調べなかったのは、紙幅の関係もあるが、梁啓超の“文化”が典型をなしていると判断したからである。
3)　李国俊编《梁启超著述系年》（复旦大学出版社、1986）7 頁を参照。
4)　文化の定義は、英語文献だけでも数百あると言われている。ここでは一般的に受け入れられると思われる百科事典の定義を引用し、筆者の議論の拠り所とする。
5)　钟叔河（1985）463 頁を参照。
6)　李华兴、吴嘉勋编（1984）によると、当時の《时事新报》では、“就算很浅薄的文明”は“就算很浅薄的文化”となっており、その混用の一端が窺える。
7)　タイラーは、「文化または文明とは、知識、信仰、芸術、道徳、法律、慣習その他、社会の成員としての人間によって獲得されたあらゆる能力や慣習の複合総体である」と定義している（『原始文化』、1871）。また、『文明の衝突』（鈴木主税訳、集英社、1998）で知られている、サミュエル・ハンチントンは、「文明と文化は、いずれも人々の生活様式全般を言い、文明は文化を拡大したものである。（中略）文化は文明

の定義のほぼすべてに共通するテーマである」(p.53) と述べる一方、「いかなる文化あるいは文明でも、中心的な要素は言語と宗教である」(p.82) といっているように、文明と文化の概念は、今もなお場合によって、混同されているようである。

8) 李华兴、吴嘉勋编 (1984) によると、《〈改造〉发刊词》が、資料によってかなり異なっている。(17) もその一例だが、"文化" の捉え方が変わっていない。

9) 大原信一著『近代中国のことばと文字』(東方書店、1994) では、梁啓超の《自由書》(1899) の "文明" は「日本語来源」と記している。王力 (1980) や刘正埮等編 (1984) などでは "文化" を日本語からの借用としている。同じ考えは鈴木 (1981) にも見られる。

10) 例として挙げられた、戦後の「文化国家」は、「軍国主義」への反省や否定によるもので、そこには中国古典における常に「文武」の対立を意識させた「文化」の意味合いが強いという。

11) 王力 (1980, 529 頁) と諸橋轍次『大漢和辞典』(大修館書店) 及び鈴木 (1981、40 頁) はいずれも、この3例を挙げている。なお、訓読みは鈴木 (1981) による。

12) 《中国现代散文选1 (1918-1949)》(人民文学出版社、1982-1983) を参照。

13) 《毛泽东选集》4巻本は人民出版社 1968 年版を参照しており、括弧内は頁数である。第5巻は 1977 年版を参照している。なお、データを収集する際、毛沢東著作言語研究会編『毛沢東選集語彙事項総索引』(1972) を参考したことをことわっておく。

14) 竹内芳郎著『文化と革命』(盛田書店、1969) には、中国革命に触れる際、「政治革命はかならず文化革命でなければならない。政治と文化、文化と生産とは渾然一体をなして、決して切り離してならない。」(p.197) と述べられ、"文化" の政治的性格を理解するには示唆的である。

15) 王力 (1980) が毛沢東の文章をもって現代中国語語彙の豊富さと厳密性を力説し、"毛主席的伟大著作就是现代汉语的丰富性和严密性的具体表现" と述べている。称え過ぎるきらいがないわけでないが、その影響力を物語る。

16) 《读书》1982 年3月号を参照。なお、抽象名詞を意味的に "意念类，形态类，知识领域类，度量类，疾病类，策略，法则类，权益类，余类" の8類に分類した彭睿の《名词和名词的再分类》(胡明扬主编《词类问题考察》) においても、"知识领域类" に "文化" が入っている。"文化" は狭義の「知識」として取り扱われている。勿論、"文化" は「知識」として単純に理解されるわけではない。許威漢が "文化" の意味解釈に触れ、"有人认为文化就是知识；有人认为除了政治、经济、军事便是文化；有人认为区别于自然的便是文化；有人认为文化是生活方式的总和；有人认为文化等同于意识形态；有人认为文化就是文明，是物质财富和精神财富的总和，即人类创造的总和；有人认为文化范围比文明广泛，文化产生早于文明" と述べ、その多様性を示している (《二十世纪的汉语词汇学》书海出版、2000、506 頁)。

17) 以下引用する例は、主に江堤等选编《寻找文化的尊严 余秋雨 杜维明谈中华文化》(湖南大学出版社、2000)、余秋雨《文化苦旅》(知识出版社、1992)、余秋雨《霜冷长河》(作家出版社、1999) による。

18) 副次的意味 (connotation) は、中国語では統一した対応語がないようである。賈彦

徳（1999、第 10 章）は、1）形象；2）情感；3）风格；4）理性などを概括して、
"附加义" と呼んでいるが、筆者はこの "附加义" を副次的意味の対応語としている。

19） "电子街" において "电子" が "街" という集合のメンバーではないという例（大河
内 2000）と同じことである。

20） 刁晏斌《新时期大陆汉语的发展与变革》（洪叶文化事業有限公司、1995）を参照。な
お、本稿を校正した際、《随笔》二〇〇二年第三期 142 頁に "学者的散文，可以写得
很文化" という一例が見つかる。"文化" の形容詞的性格はほぼ固まっているといえ
よう。

21） Millar, A. Concepts. In: Asher, R. E. ed. 1993. *The Encyclopedia of Language and
Linguistics*.

后　记・あとがき

（中文）

　　1984 年至 1985 年我在北京语言学院（现语言大学）中日两国政府联办的日语教师培训班（俗称"大平班"）进修一年，结业报告的题目是「目的語の共起による他動詞の意味特徴—ノムをめぐって（日语动词的语义特征与宾语的共起关系—以"喝"为例—)」，这是我第一次撰写词汇研究方面的文章，当时的指导老师是庆应大学的仓持保男教授。1987 年由大阪外国语大学大河内康宪老师推荐我国费留学日本，跟随他进行汉日语言的对比研究，硕士论文的题目是「位置関係を表す語彙体系の日中語対照研究（表达位置关系词汇体系的日汉对比研究）」，探讨日语与汉语方位词的异同问题。1991 年起又到神户大学跟随柴谷方良老师进行语言学的学习与研究，博士论文的题目是『中国語における「空間動詞」の文法化研究—日本語と英語との関連で（汉语"空间动词"语法化研究）』，分析如"我去车站去接人去"一类句子中"去"的动词与非动词化即语法化的问题。1996 年起开始在日本大学里正式教书，由于某些原因，研究工作暂停了一段时间，后又"重操旧业"，在继续撰写日语词汇方面的论文的同时，1999 年开始撰写本书第四章的"面子"等论文。

　　回顾上述近四十年的学习与研究历程，发现我始终是以"词（word）"为线索思考语言问题的。为什么是词而不是其他语言现象？我想原因有二。一是语言（母语与外语）的学习与使用成功与否最终体现在了词汇的把握上，丰富的词语决定了丰富的表达与思想。二可能是我个人的性格所致。对词语所包含的内部形式（语义）的探索，本质上是对这个世界上的事、物、人的一种认识过程，其中可能一部分实现了求真求实的理想。本书所分析的与文化概念联系紧密的"朋友""合同""交涉""面子""文化"的来路也正是我愿意与朋友们分享的语言的真实故事。

　　本书的完成得到了许多朋友的帮助与支持。首先要感谢上边提及到的三位老师，他们无疑是我学术道路上的领路人，他们的学术兴趣、学术态度、学术方法让我终生受益。本书各章以前曾公开发表在学会刊物和论文集上，会刊及论文集的编辑朋友予以了许多建设性的意见，在此一并致谢。本书得到了广岛大学综合科学系的出版资助，在编辑成册之际，丸善

出版社编辑部提出了许多很好的建议，而我曾经的研究助手佟一博士、研究助手博士生后藤淳子同学及硕士生姜雨萌同学也协助日文版的翻译及编辑等方面的工作，一并向他们表示感谢。谢谢大家！

最后将本书各章的初出处交代一下。

1. 说"朋友"2001『中国語学』248 号 pp.274-289
2. 释"合同"2004『中国語学』251 号 pp.171-186
3. "交涉"源流考 2007『中国文化の伝統と現代』pp.1108-1145
4. "面子"的隐喻 2000『言語文化研究』第 26 巻 pp.25-43
5. "文化"考 2002『中国語学』249 号 pp.247-2661（"文化"的形成与发展 2006『北研学刊』第 3 号 pp.89-100）

2023 年（大学入学 45 周年）2 月初稿、7 月定稿

于广岛市东原 书酒为伴斋

（日文）

1984 年から 1985 年まで北京語言学院（現語言大学）にある中日両国政府が共同運営の日本語教師研修センター（通称"大平班"）で 1 年間研修し、修了レポートのテーマは「目的語の共起による他動詞の意味特―ノムをめぐって」であり、初めて語彙研究の文章を書いた。当時の指導先生は慶応義塾大学の倉持保男教授だった。1987 年に大阪外国語大学の大河内康憲先生から国費留学の推薦を受け来日し、先生について中日言語の対照研究を行い、修士論文のテーマは「位置関係を表す語彙体系の日中語対照研究」であり、日本語と中国語の方位語の異同問題を検証した。1991 年から神戸大学で柴谷方良先生に従って言語学の学習と研究を行い、博士論文の題目は「中国語における『空間動詞』の文法化研究―日本語と英語との関連で」であり、"我去车站去接人去"（駅へ人を迎えに行く）のような文の中の"去"の動詞と非動詞化すなわち文法化の問題を分析した。1996 年から正式に日本の大学の教員になり、事情により研究活動を一時中断したが、その後"旧業を再開"し、日本語の語彙に関する論文を書き続けると共に、1999 年から本書第 4 章の"メンツ"などの論文を書き始めた。

40 年近くの学習と研究を振り返ると、私は常に「語（word）」を手

がかりに言語問題を考えてきたことに気づいた。なぜ他の言語現象ではなく語なのかというと、そこには2つの理由があろうと思う。1つは、言語（母国語と外国語）の学習と運用が正確なのかが最終的に語彙の把握によるものであり、豊かな語彙が豊かな表現と考えを決定づけるものなのである。もう1つは、おそらく私個人の性格によるものだと思う。語に含まれる内部形式（意味）の探求は、本質的には、この世の事、物、人に対する認識のプロセスであり、このプロセスにおいて、真実を求める理想が部分的に実現できるのかもしれない。本書で分析した、文化的概念と関わりが深い"朋友""合同""交渉""面子""文化"などの語の成立過程は、正に私が皆様と共有したい、言語にまつわる真実の物語である。

　本書の出版は、多くの方の協力と支援がなければ不可能である。まず、先に述べた3人の先生に心より感謝を申し上げたい。先生方は間違いなく私が歩んできた学問の道の先導者であり、先生たちの学問的関心、学問的態度、学問的方法は私の一生の宝物である。また、本書の各章は以前、学会誌や論文集に公表されているが、査読者並びに編集者の皆様から多くの貴重なコメントを頂き、感謝したい。本書は、広島大学総合科学部の出版助成を受けたものであり、編集の際、丸善出版の編集部から有益なコメントを頂いたと同時に、私の研究助手（RA）だった佟一博士、研究助手で博士課程後期の後藤淳子さん、博士課程前期の姜雨萌さんからも、日本語版の作成及び編集作業などで色々協力してくれた。ここで感謝の気持ちを伝えたい。

　最後に、本書の各章の初出を以下のとおりに示しておく。

1. 説"朋友" 2001『中国語学』248 号 pp.274-289
2. 釈"合同" 2004『中国語学』251 号 pp.171-186
3. "交渉"源流考 2007『中国文化の伝統と現代』pp.1108-1145
4. "面子"的隠喩 2000『言語文化研究』第 26 巻 pp.25-43
5. "文化"考 2002『中国語学』249 号 pp.247-2661（"文化"的形成与発展 2006『北研学刊』第 3 号 pp.89-100）

2023 年（日本語学科入学 45 周年）盛夏

於広島市東原 書酒為伴斎

中日対照　中国語の語彙化研究
文化的概念の形成をめぐって　　〈叢書インテグラーレ 022〉

令和 6 年 1 月31日　発　行

編　者　　広島大学総合科学部

著作者　　盧　　　　濤

発行者　　池　田　和　博

発行所　丸善出版株式会社
〒101-0051　東京都千代田区神田神保町二丁目17番
編集：電話(03)3512-3264／FAX(03)3512-3272
営業：電話(03)3512-3256／FAX(03)3512-3270
https://www.maruzen-publishing.co.jp

組版印刷・精文堂印刷株式会社／製本・株式会社 松岳社

ISBN 978-4-621-30875-2　C1387　　　　　　Printed in Japan

叢書インテグラーレ創刊の辞

佐藤　正樹

科学は専門分野をもち、それを細分化し、細分化したものをさらに細分化させてきた。その傾向は今やますます顕著になっている。

他方、そうした細分化された研究を、あるいは融合させる試みや、細分化された個々の研究分野のあいだに新しい研究分野を発見する「学際」研究への努力も続けられてきた。従来の研究手法では太刀打ちのできない現代の難問は、これらの真剣な努力がなければ、われわれの手をすり抜け生きのびてしまうであろう。

「総合科学」は狭義の専門研究体制にたいするアンチテーゼとして提案され、学部の呼称として選ばれてより三十年を閲した。これを契機として、個々の研究者の「総合」への努力と、異なる研究分野の協同の試みとを、できるだけ平易にご紹介するために「叢書インテグラーレ」を創刊する。ラテン語の「インテグラーレ integrare」は「修復する」「完全なものにする」「より大きな全体のなかに組みこむ」の意であり、学部の欧文名称にも用いられてきた。

ところで、異分野間の協同と研究分野の枠組の突破は、「教養」というエネルギーがなければ実現しないことである。教養の支えなくしては協同も突破もありえない。異分野への強い思いは想像力によって運ばれるが、想像力をたんなる無秩序なエネルギーとしないためには、これを秩序づける「教養」の力がなくてはならない。教養は想像を秩序づけ、異分野を結び、「総合科学」を創造的なものに変えていく。

この意味において、本叢書は大学の教養教育などの場でもテクストとして使用できるよう工夫しているが、むしろそれ以上に、現代において「教養とは何か」「教養の意味とは何か」という切実な問いにたいする解答の試みであり、教養復権の書であると自負している。多くの読者にご覧いただき、ご批判をたまわれば幸いである。

本叢書は、広島大学総合科学部創立三十周年を契機として創刊されるが、この学部はいわゆる専門教育だけでなく、広島大学における教養教育のほとんどを担ってきた。それゆえ、狭い研究分野の突破、異分野の協同という横軸はいうに及ばず、教養教育と専門教育と、さらには大学院教育とを連結、融合させるという縦軸においても、「総合科学」を実践してきた。その実践記録がこの叢書のもう一つのメッセージである。

われわれの提案が幸運にも広く迎えられ、「総合科学」への理解が深まり、これをあいことばとして多くの人が結ばれるのにこの叢書が役立つならば、叢書の目的は達成されたのである。